긍정으로 살기 위한 356 싱크뱅크

매일 나에게 주는 힘

긍정의
한마디

긍정으로 살기 위한 365싱크뱅크

매일 나에게 주는 힘

긍정의 한마디

김경수 지음

해피&북스

지은이의 글

긍정의 한 마디

오리는 3가지를 할 수 있다
걷기, 수영하기, 날기. 열심히 하지만 꼴찌다.
그에 비해서 백조는 걷기, 수영, 날기 모두 일등이다.
차이가 무엇일까? 유전적인 이유이다.

어떤 사람은 태어 날 때부터 잘하는 사람이 있다. 반대로 어떤 사람은 그렇지 못하다. 이런 자신을 위해서 필요한 것이 긍정이다. 긍정은 내 안에 잠재된 에너지를 끄집어내는 힘이다.

이 책은 자신을 창의적인 사람으로 만들기 위한 긍정의 에너지이다.

내 안에서 긍정의 힘이 있는 한 누구든지 자신을 이끌어 가는 명령이 나온다. 그것이 무엇이냐? 할 수 있는 힘이다. 세상이 시류에 휩쓸리지 않고, 목적을 세우고 나가는 순간부터 자신을 창의적인 사람으로 만들기를 바란다.

"코라조 아반티" *(Coraggio avanti 용기를 가지고 앞으로!)*

지은이 김 경 수

Contents

· **지은이의 글** – 긍정의 한 마디

1월
January

마음을 새롭게

·9

2월
February

성공을 위한 접촉

·43

3월
March

모든 것을
할 수 없다고
불안해하지 마라

·73

4월
April

실망은 금물

·107

5월
May

커가는 마음을
가져라

·139

6월
June

자신을 쇄신 하라

·173

7월
July

날마다 아름답게 살기

·205

8월
August

긍정은 우리 편이다

·239

9월
September

긍정으로 힘을 내라

·273

10월
October

마음을 더 높이하라

·305

11월
November

저 높은 곳을 향하여

·339

12월
December

긍정이 탄생 되도록 노력하라

·371

· 이 책의 활용법

_ 매일 긍정의 이야기를 읽는다.
_ 매일 자신이 실천 할 수 있는 긍정을 기록한다.
_ 긍정의 플래너를 기록한다(계획, 대안, 중요한 이벤트).
_ 긍정의 한 마디를 읽고 자신을 새롭게 한다.

긍정을 만들기 위해서

1. 아침에 일어나자마자 책을 펼친다.
2. 좋은 문장에 줄을 친다.
3. 마음속으로 크게 5번 외친다.
4. 열정적으로 소리 내어 5번 반복한다.

7일 안에 인생이 달라질 것이다.

- 조엘 오스틴 -

1월

January

마음을 새롭게

01/01
우리는 항상 신년을 새롭게 시작한다.

아흔 다섯 살의 파블로 카살스에게 물었다.

"선생님은 현재 최고의 첼리스트라는 칭송을 받고 있는데 아흔 다섯 살의 나이에도 하루에 여섯 시간씩 연습을 하십니까?" 카살스의 대답이 인상적이다.

그러면 발전하니까! 오늘 성장하느냐 못하느냐는 자신에게 달려 있다. 행동하기 위해서는 일단 한 번 해 봐야 한다.

· 긍정의 한마디

"할 수 있다! 고 말하다 보면, 결국 실천하게 된다" _사이먼 쿠퍼

긍정의 스토리

....
....
....

긍정의 플래너

....
....
....

01/02
마음을 새롭게 하라

브루너는 '기분이 행동을 일으키는 게 아니라, 행동이 기분을 일으키는 것이다' 무엇이든지 하려는 행동을 할 때, 행동이 무엇인가를 할 수 있는 기분을 만든다.

무엇이든지 할 수 있으면 지금 당장 해보아야 한다. '만일 실패하지 않는다는 것을 안다면 무엇을 시도해 보겠는가?' 실패를 넘어서 계속 가다가 보면 무엇인가 할 수 있다.

· 긍정의 한마디

"할 수 있는 것도, 할 수 없다고 생각하면 할 수 없다.

할 수 없는 것도, 할 수 있다고 믿기에 할 수 있는 것이다" _미야케 세츠레이

긍정의 스토리

....

....

....

긍정의 플래너

....

....

....

01/03
희생으로 배운 것

미첼이라는 사람은 46세에 오토바이 사고를 당해서 얼굴을 알아볼 수 없을 정도로 화상을 입었다. 4년 후에는 비행기 추락 사고로 하반신까지 마비되었다. 이런 불행은 조금도 위축시키지 못했다.

"나에게 불행이 닥쳐오기 전까지는 내가 할 수 있었던 일은 10,000가지 였다. 그러나 이제 내가 할 수 있는 일은 90,00가지로 줄어들었다. 이제 나는 내가 잃어버린 1,000가지에 대한 슬픔과 고통 속에서 살든지, 아니면 나에게 남아 있는 9,000가지로 살아가든지 둘 중의 하나를 선택해야 하는 기로에 서 있다"

· 긍정의 한마디

사람은 행복하기로 마음먹은 만큼 행복하다. _에이브러험 링컨

긍정의 스토리

··
··
··

긍정의 플래너

··
··
··

01/04
불가능하다고 말하는 사람을 만나지 마라

존 F. 케네디는 1962년 라이스대학 연설했다. '10년 이내에 인간이 달 위를 걷게 하겠다'. 그 연설이 끝나고 과학자들이 '불가능하다'고 말했다. 과학자들은 자신의 모든 지식과 연구결과를 총동원해서 '유인 우주선이 달 위에 착륙할 수 없는 이유'를 정리해서 제출했다. 그 후 케네디는 더 이상 그들을 만나지 않았다. 그 대신 '가능하다'고 말한 과학자들만 만났다. 마침내 1969년 8월 '닐 암스트롱'은 달 위를 걸었다. 케네디가 계속해서 '불가능한 이유'만 이야기하는 과학자들과 만났더라면 비전을 실현시킬 수 없었을 것이다.

· 긍정의 한마디

하루하루를 어떻게 보내는가에 따라 우리의 인생이 결정된다. _애니 딜러드

긍정의 스토리

....
....
....

긍정의 플래너

....
....
....

01/05
자신을 위해서 배워야 할 것

한 청년이 소크라테스를 찾아 왔다.

청년이 유창하게 오래 이야기하는 바람에 소크라테스는 제대로 말할 기회를 갖지 못했다. 소크라테스는 젊은이의 입을 막으면서 "여보게 젊은이! 그대에게 수업료를 두 배로 받아야 할 것 같네" "왜냐하면 말일세, 자네를 훌륭한 지도자로 만들려면 자네에게 두 가지 원리를 가르쳐야 하네.

첫째, 혀를 자제하는 법. 둘째 혀를 올바르게 사용하는 법 말일세." 타인의 이야기를 잘 들을 때 생각을 바꿀 수 있다.

· 긍정의 한마디

"반드시 해야 하는 일부터 하라, 그런 다음 할 수 있는 것을 하라. _아시시의 성 프란체스코

긍정의 스토리

긍정의 플래너

1월 JANUARY 마음을 새롭게

01/06
꿈을 이루기 위해서

꿈을 이루기 위하여 노력하고 최종적으로 기도하라.

기도가 무엇인가? 모든 일을 마쳐놓고 신에게 드리는 기원이다. 몽상을 하기 위해서 기도하는 사람은 없다.

자신이 준비한 것을 이루기 위해서 기도하는 것이다.

지금까지 노력한 결과를 이루기 위해서 긍정으로 기도하는 것이다.

· 긍정의 한마디

내 삶을 바꿀 수 있는 사람은 오직 나뿐이다. _캐럴 버넷

긍정의 스토리

....
....
....

긍정의 플래너

....
....
....

01/07
세상을 살아가는 방식

삶에는 두 가지 방법이 있다.

두려움으로 살아가는 방법과 자신감으로 살아가는 방법이다.

사람이 두려움으로 살면 매사에 자신감이 없다.

실패가 무엇인가? 20대에 어떤 일을 하다가 안 되었다고 실패라고 말 할 수가 없다.

30대, 40대, 50대, 60대에도 다시 일어나지 못하면 실패지만 다시 시작하면 실패가 아니다.

· 긍정의 한마디

인생은 경험의 연속이며, 느끼기는 어렵지만 경험 하나하나가 우리를 크게 만든다.   헨리포드

긍정의 스토리

....
....
....

긍정의 플래너

....
....
....

01/08
이렇게 자신에게 물어보자.

"나 지금 이렇게 살아도 되는 거야"

"10년 후에도 후회는 없는 거야"

몸, 머리, 가슴에게 물어보자. 그때 내 몸은 어디로 움직이고 있는지, 내 머리는 어떤 것을 생각하는 지, 물어보라. 셰익스피어는 "좋은 것도, 나쁜 것도 아직 정해진 것은 없다. 그러나 생각이 그렇게 만든다." 생각에 따라서 마음이 결정된다.

· 긍정의 한마디

더는 갈 곳이 없다는 엄청난 거짓 확신이 수없이 밀려왔다.

그때마다 내 지혜는 아직 때가 되지 않았다. _에이브러햄 링컨

긍정의 스토리

....
....
....

긍정의 플래너

....
....
....

01/09
목표를 가지면 꿈은 이루어진다.

카르타고의 한 장군이 알프스 산맥 전쟁에서 병사들을 소집했다. "저 알프스 너머에 우리의 목표인 이탈리아가 있다" 장군은 산 정상에 도달하기 위하여 찾아 올 위험을 숨기지 않고 말하였다. 이렇게 말하는 용기 때문에 병사들은 매일 험난한 바위를 넘고 굶주림과 추위를 이기면서 전진하여 알프스 최고봉에 기를 꽂을 수가 있었다. 그들이 알프스 최고봉에 깃발을 꽂은 다음 말했다. "넘지 못할 산은 없다. 이루지 못할 목표도 없다"

· 긍정의 한마디

스스로 목표한 대로 이루었다면 목표를 너무 낮게 잡은 것이다. _격언

긍정의 스토리

....
....
....

긍정의 플래너

....
....
....

1월 *JANUARY* 마음을 새롭게

01/10
목표를 가지면 장애물을 넘을 수가 있다

하버드 대학 총장 나단푸시는 이렇게 말한다.

흔들 수 있는 깃발

믿을 수 있는 신조

부를 수 있는 노래를 긍정을 가진 사람들에게 끊임 없이 제공하라. 그러면 어떤 어려움도 신념으로 장애물을 넘을 수가 있다.

· 긍정의 한마디

스스로 할 수 있거나 꿈꾸는 일이 있거든 당장 추진하라.

대담함 속에는 재능과 힘과 신비함이 모두 깃들어있다. _괴테

긍정의 스토리

긍정의 플래너

01/11
그게 시작이다

빌 게이츠는 세계 최고의 부자이다.

그가 어떻게 해서 컴퓨터 산업으로 세계를 지배하게 되었을까? 빌 게이츠는 다음과 같이 말한다. "나는 10대 시절부터 세계의 모든 가정에 컴퓨터가 한 대씩 설치되는 것을 상상했고, 또 반드시 그렇게 만들고야 말겠다고 외쳤다. 그게 시작이다"

자신의 목표가 이루어지도록 노력한 것이다.

• 긍정의 한마디

할 수 없는 것이 할 수 있는 것을 방해하지 못하도록 하라. _존 우든

긍정의 스토리

....
....
....

긍정의 플래너

....
....
....

1월 JANUARY 마음을 새롭게

01/12
자신의 방해꾼

자신의 길을 방해하는 사람을 길에서 만났다. 그 방해자를 혼내 주려고 벼르고 있었다. 어느 날, 꿈속에서 그 방해자가 자기 앞에 모자를 쓰고 지나가는 것이 보였다. 그는 잘 만났다고 생각하여 달려가서 방해자를 붙잡았다. 혼내주려고 모자를 벗겨보았다. 깜짝 놀랐다. 그 방해자가 다름 아닌 자기 자신이었다. '아, 내 인생에 가장 큰 방해자는 나 자신이다'

· 긍정의 한마디

희망은 비용이 전혀 들지 않는다. _콜레트

긍정의 스토리

··
··
··

긍정의 플래너

··
··
··

01/13
제2의 습관을 가져라

파스칼은 "습관은 제2의 천성인데 제1의 천성을 완전히 지배한다" 아무리 좋은 성품을 가지고 태어났다 할지라도, 친구를 잘못 사귀어서 나쁜 습관에 길들여지면 부모로부터 물려받은 천성과는 아무 상관없이 불행하게 되는 것이다. 사람이 어떤 습관에 길들여지느냐에 따라서 좋은 사람이 되느냐, 나쁜 사람이 되느냐 하는 것이다. 모두가 습관의 결정체이다.

· 긍정의 한마디

변명 중에서 가장 어리석고 못난 변명은 "시간이 없어서"라는 변명이다. _에디슨

긍정의 스토리

....
....
....

긍정의 플래너

....
....
....

01/14
생각하는 마인드

자신을 바꾸기 위해서는 생각을 새롭게 해야 한다.

생각이 바꾸어지면 수많은 습관이 생활에 영향을 미친다. "습관을 바꿀 수 있다고 깨닫는 순간부터 우리는 언제라도 습관을 바꿀 수 있다. 습관을 바꾸겠다는 결심이 먼저 있어야 한다"

"생각이 바뀌면 행동이 바뀌고, 행동이 바뀌면 습관이 바뀌고, 습관이 바뀌면 인격이 바뀌고, 인격이 바뀌면 운명이 달라진다" - 윌리엄 제임스

· 긍정의 한마디

미래를 신뢰하지 마라, 죽은 과거는 묻어버려라. 그리고 살아 있는 현재에 행동하라. _롱펠로

긍정의 스토리

....
....
....

긍정의 플래너

....
....
....

01/15
정주영과 조선소

정주영은 조선소를 만들기 위하여 버클레이 은행 부총재와 면담을 하게 되었다. 버클레이 은행 부총재가 물었다. 〈전공이 무엇입니까?〉 정주영은 대학을 나오지 못 하였기에 전공이 있을 리가 없다. 〈내 전공은 조선 사업입니다.〉 그리고 500원 짜리 동전을 꺼내서 우리 조상은 벌써 수백 년 전부터 거북선을 만들었습니다.

버클레이 은행 부총재는 껄껄 웃으면서 당신의 전공은 유모로군요. 당신의 유머와 사업계획서를 투자 담당 부서로 보내면 돈을 꾸어 주겠습니다.

최선을 다하는 사람에게 결과가 따라온다.

· 긍정의 한마디

만족은 결과가 아니라 과정에서 온다. _제임스 딘

긍정의 스토리
....
....
....

긍정의 플래너
....
....
....

01/16
해보기나 했어

현대그룹의 창시자 정주영은 '안 된다'는 말을 입에 달고 사는 사람에게 "해보기나 했어" 이렇게 말했다. 대부분의 사람들은 해보지도 않고 안 된다고 말한다. 자신이 젊은 사자라는 것도 모르고, 이빨 빠진 호랑인 줄로 알고 있다. 호랑이는 썩은 고기를 먹지 않는다. 젊은 사자는 먹이 감이 오기를 기다리지 않고 사냥한다. 그러나 이빨 빠진 사자는 먹잇감이 오기를 기다린다.

· 긍정의 한마디

자신의 능력을 감추지 마라. 재능은 쓰라고 주어진 것이다.

그늘 속의 해시계가 무슨 소용인가. _ 벤자민 프랭클린

긍정의 스토리

긍정의 플래너

01/17
잠재력 개발

자신에게 가능성을 끄집어내야 한다.

'난 약 하다. 난 못 한다' 이런 생각이 자신을 무너뜨린다.

우리는 가능성의 잠재력을 가진 사람이다.

잠재력을 끄집어내라. 그리고 나도 얼마든지 할 수 있는 사람이야 라고 외치라.

그때 "누구에게나 가능성은 공평하게 주어지니까"

· 긍정의 한마디

위대한 업적을 이루려면 활동을 하는데 만족해서는 안 되고 반드시 꿈을 꿔야 한다. _아나톨 프랑스

긍정의 스토리

....
....
....

긍정의 플래너

....
....
....

01/18
비전에 대한 명확한 설정

인생은 딱 한번이고 가야될 목적지가 자주 바뀌게 되면 시간낭비를 굉장히 많이 한다. 이때 자기를 정상까지 끌어올릴 수 있는 목표와 비전이 필요하다.

자신의 목표가 명확해지면 한 계단, 올라갈 때마다 힘이 훨씬 더들어간다. 그때 잠시 일손을 멈추고 앞으로 살아갈 목표를 점검하는 시간을 가져보아야 한다.

· 긍정의 한마디

영감이 떠오를 때까지 그저 기다리기만 해서는 안 된다.

몽둥이라도 들고 찾아 나서야 한다. _잭 런던

긍정의 스토리

....
....
....

긍정의 플래너

....
....
....

01/19
성공적인 삶

폴 마이어는 "사람이 목표를 세우면 그 목표가 나를 이끌어 준다"라는 말을 했다. 사람은 목표를 세우는 순간 가능성을 찾으려고 앞으로 간다. 폴 마이어 아버지는 아들이 "자전거가 갖고 싶어요" 그러면 사주지 않고 직접 만들도록 했다. 아버지는 망가진 자전거들을 모아서 핸들 바퀴, 체인 등을 구분해 놓고 함께 조립하기 시작하고, 만약 부품 중에 없는 것들이 있으면 부품을 사는 것이 아니라 부족한 부품도 직접 만들어 쓰라고 교육을 했다. 이런 교육이 가능성의 사람으로 만든 것이다.

· 긍정의 한마디

정상에는 언제나 자리가 있는 법이다. _대니얼 웹스터

긍정의 스토리

....
....
....

긍정의 플래너

....
....
....

01/20
3명의 인물

일본 춘주 전국시대에 3명의 인물이 있다.

이 사람들이 앵무새가 울지 않을 때 어떻게 해야 하는가?

오따 노부가나는 "앵무새가 울지 않거든 죽여 버려라"

도요또미 히데요시는 "울지 않는 앵무새는 울려라"

도꾸가와 이에야스는 "울 때까지 기다려라"

이 세 사람 중 도꾸가와 이에야스가 혼란한 일본 정국을 수습하고 평정할 수 있었다. 그것은 심리적 열등감을 기다림으로 승화시켰기 때문이다.

· 긍정의 한마디

성장은 뜻밖의 어둠 속에서도 도약할 때 이루어진다. _헨리 밀러

긍정의 스토리

긍정의 플래너

01/21
자기 일에 소신을 가져라

세계적인 기업가 울 워드는 20대 초반에 점원을 할 때 주인으로부터 '사업에 소질 없는 무능력자'라는 핀잔을 들었다.

그 후 그는 무엇이 자신의 단점인지, 주인이 어떤 점을 보고 무능력자라고 말하는 지를 분석하였다.

이런 끝없는 자기 분석이 세계적인 기업가로 만들었다.

· 긍정의 한마디

성공할 때까지 기다릴 수 없어서 그냥 했다. _조너선 윈터스

긍정의 스토리

....
....
....

긍정의 플레너

....
....
....

1월 JANUARY 마음을 새롭게

01/22
만화에서 배워라

제르 맥넬리의 연재만화 '슈'에 이런 내용이 나온다.

슈가 야구경기에 투수로 나서게 되었다. 마운드에서 작전회의를 하면서 포수가 이렇게 말한다. "너 자신을 믿고 던져" 그러자 슈가 볼맨 소리로 말한다. "말이야 쉽지. 나 자신을 믿으라고? 어떻게 그게 가능해" 이것이 인간이다. 자신을 못 믿는데 누구를 믿고 살 수 있겠는가? 우리는 왜 자신을 못 믿을까? 지금까지 작심삼일 이라는 덫에 걸려서 실패를 했기 때문이다. 언제든지 앞으로 나가려고 할 때마다 자신의 편견을 넘어라.

· 긍정의 한마디

또 실패했는가? 괜찮다. 다시 실행하라 그리고 더 나은 실패를 하라. _사뮈엘 베케트

긍정의 스토리

긍정의 플래너

01/23
다른 사람보다 10분 더 투자하라

미국의 제20대 대통령 가필드는 평소 '10분의 투자'를 강조한다. 그는 대학시절, 기숙사 친구 중 수학의 천재로 불린 학생이 있었다. 가필드는 아무리 열심히 노력해도 수학성적을 앞지를 수가 없었다. 어느 날 자신이 공부를 마치고 잠자리에 들었다. 그런데 그 친구의 방에는 여전히 불이 켜져 있었다. 그 후 불은 정확히 10분 후에 꺼졌다. 그때 가필드는 중요한 사실 하나를 깨달았다. "저 친구가 나보다 성적이 우수한 것은 바로 10분 더 노력하고 있었기 때문이다." 이튿날부터 가필드는 친구의 방에서 불이 꺼지고 나면 10분 동안 더 공부했다. 6개월 후에는 수학에서 1등을 차지했다. 성공한 사람은 남들보다 10분을 더 노력한 사람들이다.

• 긍정의 한마디

승리보다는, 승리를 위해 노력하는 것이 더 큰 의미가 있다. _지그 지글러

긍정의 스토리

....
....
....

긍정의 플래너

....
....
....

01/24
입술의 힘

사람은 말로 묶이고, 사로잡히게 된다.

자신의 말을 믿고, 입술로 시인할 때에 확신이 생기고 용기를 얻는다.

우리는 환경이 아무리 어려워도 "힘들어 죽겠다", "희망이 없다"라는 말을 해서는 안 된다. 말하는 대로 되기 때문에 힘들어도 승리의 말을 자신의 입에 올리자. 행복한 사람은 모든 것을 가진 사람이 아니라 긍정적인 말을 하는 사람이다.

· 긍정의 한마디

자신을 조금만 더 크게 만들거나 조금만 더 작게 만들기 위해서는 딱 하루면 충분하다.

_폴 클리

긍정의 스토리

긍정의 플레너

01/25
취직의 안내

경영학을 전공한 두 학생이 백화점에 취직했다.

한 학생은 엘리베이터에서 안내를 하였다. 이일로 실망하고 백화점을 그만두었다. 그러나 다른 학생의 생각은 달랐다. 엘리베이터에서 많은 고객을 대하면서 고객들의 구매심리를 파악하였다.

그 얼마 후에 이 사람은 부서 책임자가 되었고, 나중에는 최고 경영자가 되었다. 이 사람이 세계적인 백화점 왕 J. C 페니(Penney)이다. 이유가 무엇일까? 그는 엘리베이터에서 고객들과 소통했기 때문이다. 자기 일을 하면서 고객들과 소통하라

· 긍정의 한마디

분명한 사실은, 어떤 상황에서 어떻게 해야 옳은지를 당신은 잘 알고 있다는 것이다. 그러나 그것을 행하는 것은 어렵다. _노먼 슈워츠코프

긍정의 스토리

긍정의 플래너

01/26
반드시 기회는 온다.

앤드류 카네기는 젊은 시절, 세일즈맨으로 물건을 팔러 돌아다녔다.

어느 노인의 집을 방문하게 되었을 때 벽에 걸린 그림에 압도당했다. 초라한 나룻배 한 척에 낡아 빠진 노가 썰물에 밀려 흰 백사장에 멈추고 있는 그림이었다. 그다지 아름답지도 않고 처량해 보이기까지 하는 그림이다. 그림 하단에는 이런 글씨가 쓰여 있었다. "반드시 밀물 때가 온다"

준비하고 있으면 반드시 기회는 찾아온다.

· 긍정의 한마디

인간은 위대한 업적에 의해 변하는 것이 아니라 자신의 의지로 변한다. _헨리크 입센

긍정의 스토리

긍정의 플래너

01/27
준비된 곳에서 변화는 시작된다.

영국의 윔블던 테니스 코트는 1년에 두 주간 사용된다. 두 주간을 사용하기 위해서 관리인은 1년 내내 준비하고 가꾼다. 책임을 맡은 매니저는 한 해 동안 잔디를 관리하며 두 주간의 대회를 기다린다. '양병십년 용병일일(養兵十年 用兵一日)'이란 말이 있다. 병사를 키우는 데는 10년이 걸리지만, 병사를 사용하는 데는 하루 밖에 걸리지 않는다. 하루를 쓰기 위하여 10년을 준비한다는 뜻이다.

하루를 쓰기 위하여 훈련하고 준비하라.

· 긍정의 한마디

이 세상에서 가장 행복한 사람은 일하는 사람, 사랑하는 사람, 희망이 있는 사람이다. _에디슨

긍정의 스토리

긍정의 플래너

01/28
너는 크게 될 사람이다

전도자인 빌리 그레이엄이라는 사람이 있다.

그는 어렸을 때 동네 사람들에게 손가락질을 받을 만큼 문제아였다. 그의 할머니만은 손자의 머리를 쓰다듬으며 "너는 앞으로 크게 될 사람이야"라고 격려해 주었다. 그 말대로 빌리 그레이엄은 세계적인 전도자가 되었다. 가족이 믿고 격려해 준, 말 한 마디가 크게 되는 사람으로 만들었다.

희망의 언어가 미래를 열어 준다.

· 긍정의 한마디

큰 나무는 바람을 많이 받는다._카네기

긍정의 스토리

··
··
··

긍정의 플래너

··
··
··

01/29
말의 열매

영국 어느 고등학교에서 있었던 일이다. 수학 선생님이 학생들을 두 팀으로 나누어서 수학 문제를 풀게 하였다. 한 그룹의 학생들에게 "너희의 머리는 이 문제를 풀 정도다. 그리 어렵지 않다" 그러면서 풀게 하였다. 다른 그룹의 학생들에게는 "이 문제는 너무나 어렵다. 아인슈타인도 풀지 못할지도 모른다"라고 말하면서 풀게 하였다. 어떤 결과가 나왔을까? 할 수 있다는 말을 들은 학생들은 100% 그 문제를 풀었다. 그러나 반대그룹의 학생들은 풀지 못했다. 이처럼 부정적인 말은 능력을 제한해 버린다.

· 긍정의 한마디

말하자마자 행동하는 사람, 그것이 가치 있는 사람이다. _ 엔니우스

긍정의 스토리

긍정의 플래너

01/30
책이 주는 교훈

책을 읽는 이유는 간단하다.

다른 사람의 이야기를 간접적으로 경험하는 것이다. 책은 생각의 지평을 넓히고, 정리되지 않은 생각을 정리하여 주고, 생각하지 못한 부분을 알게 하여 주고, 지식과 지혜를 경험을 알게 하여 준다. 책을 읽고 간접 경험을 통하여 강점을 많이 가져라. 그러면 당신은 성공 할 수 있다.

책속에 답이 있다.

· 긍정의 한마디

다정하고 조용한 말은 힘이 있다. _에머슨

긍정의 스토리

....
....
....

긍정의 플래너

....
....
....

01/31
자신에게 도전하라

한 심리학자가 벼룩이 얼마나 높이 뛸 수 있는가를 실험해 보았다. 보통 벼룩들이 20~30cm는 충분히 다 뛸 수 있다. 높이 뛰는 벼룩들만 모아서 7~8cm 유리컵에 놓고 뚜껑을 덮었다. 벼룩들은 유리컵 안에서 계속 뛰었다. 그러나 유리컵의 한계와 벽에 부딪치자 20~30cm를 뛰었던 벼룩들이 7~8cm를 뛰지 못하고 있었다. 벼룩들은 자신의 한계를 너무 빨리 알고 포기 한 것이다. 우리가 성공하려면 벼룩의 자신의 한계를 넘어야 한다.

· 긍정의 한마디

승리는 노력과 사랑에 의해서만 얻어진다. 승리는 가장 끈기 있게 노력한 사람에게 간다. 어떤 고난의 한 가운데 있더라고 노력으로 정복해야한다. 그것뿐이다.

긍정의 스토리

....
....
....

긍정의 플레너

....
....
....

1월 JANUARY 마음을 새롭게

2월

February

성공을 위한 접촉

02/01
차별을 이겨라

넬슨 만델라는 27년 동안 감옥생활을 했다.

그는 감옥살이를 하는 중에 흑인을 차별하는 백인을 다 죽이고 싶었다. 그때 하늘의 음성이 다시 들려왔다.

"용서해야 네가 산다" 결국 만델라는 그 마음의 소리에 항복하고 말았다.

성공하려고 하는 사람은 어두움이 찾아 왔을 때 인내 할 줄 알아야 한다.

· 긍정의 한마디

"성공하지 못하는 가장 큰 이유는 자신감 결여와 자기 불신이다" _존 맥그레이스

긍정의 스토리

....
....
....

긍정의 플래너

....
....
....

02/02
작은 일에 최선

    1885년, 미국의 선교사가 한국에 들어오는 길에 사과 씨앗을 몇 개 가져왔다.

    그것을 대구에 심었다. 얼마 후에 사과가 맺히게 되었다.

    이런 결과로 대구는 사과를 대표하는 지역이 되었다.

    아주 작은 사과 씨 하나로 대구가 사과의 대표가 된 것이다.

    무엇이든지 작은 일에서부터 시작하는 사람이 위대한 이미지를 만드는 것이다.

- 긍정의 한마디

리더들이 제일 먼저 극복한 것은 외부적인 것이 아니라, '나는 못한다. 나는 재능이 없다. 내가 해서는 안 된다'는 두려움이었다. 기본적으로 인간 능력의 한계는 없다. _스티븐 코비

긍정의 스토리

긍정의 플래너

02/03
자신이 개발해야 할 이유

자신이 개발해야 할 3가지 "I"가 있다

첫째, Innovation. 자기 개혁이 필요하다.

둘째, Idea. 남보다 앞서 미래를 바라보면서 모험을 하고, 아이디어를 가진 사람만이 앞서갈 수 있다.

셋째, International ability. 자기 기량을 개발해야 한다.

무엇보다도 긍정적인 삶을 가지고 자기를 개발 할 때 미래를 내다보는 것이다.

이 시대는 자기 개발하는 사람을 요구한다.

· 긍정의 한마디

긍정적인 사람들은 '나는 할 수 있어. 잘해낼 거야!'라고 생각한다.

_전신애 전 미 차관

긍정의 스토리

....
....
....

긍정의 플래너

....
....
....

02/04
생활의 관리를 잘하는 사람

시간 관리를 잘하라.

성공하는 사람은 시간 관리를 잘하는 사람이다.

시간 관리를 잘하는 사람이 지도자가 될 수 있다.

1년 동안 다른 사람보다 한 시간을 먼저 일어나서 공부를 하고, 책을 읽게 되면, 365시간을 남보다 앞서 간다.

앞서가는 사람이 길을 개척하는 것이다.

· 긍정의 한마디

사람은 행복하기로 마음먹은 만큼 행복하다. _ 에이브러햄 링컨

긍정의 스토리

....
....
....

긍정의 플레너

....
....
....

02/05
격려 자가 되라

한 농부가 아기를 잃었다는 소식을 영국의 빅토리아 여왕이 찾아갔다. 불시에 찾아온 여왕 때문에 농부의 아내는 무척이나 당황하고 놀랐다. 여왕은 얼마 동안 농부의 아내와 함께 머물다가 왕궁으로 돌아갔다. 여왕이 떠나고 이웃 사람들이 농부의 아내에게 물었다. "여왕님이 무슨 말씀을 하던가요?" 농부의 아내가 말했다. "여왕님은 내게 아무 말씀도 하지 않으셨습니다. 그분은 내 손을 잡아주셨습니다" 우리는 서로 아무 말 없이 눈물을 흘렸습니다. 누구에게나 격려가 필요하다.

· 긍정의 한마디

살아가면서 새로운 사람들과 교제하지 않으면 머지않아 혼자 남겨진 자신을 발견할 것이다. 우리는 끊임없이 우정을 관리하고 유지해야한다. _새뮤얼 존슨

긍정의 스토리

긍정의 플래너

02/06
칭찬하는 사람이 되라

칭찬하는 순간 나 자신이 별처럼 빛나고, 다른 사람이 행복해 한다.

"참 잘하셨습니다.", "아주 훌륭합니다."

이런 한마디가 우리의 값어치를 높여 준다.

칭찬은 불가능 한 것을 가능케 한다.

칭찬하고 살면 칭찬이 돌아온다.

· 긍정의 한마디

당신은 아름다운 사람을 바라보지만, 매력적인 사람은 당신을 보아주는 사람이다.

_아들라이 스티븐슨

긍정의 스토리

긍정의 플레너

02/07
주변을 주위 깊게 바라보고 실천하라.

시드니 올림픽에서 우승한 육상 선수 버나드 라가트에게 물었다.

어떻게 우승 할 수가 있었습니까?

"길가에 세워진 경고판 때문입니다", "사자 조심"

그들은 길가에서 사자를 만날까봐서 달린 것이다.

사자에게 물리지 않기 위해서 달린 결과가 우승을 만든 것이다.

주변을 바라보면 무엇이든지 실천할 것이 있다.

· 긍정의 한마디

남들보다 더 잘하려고 고민하지 마라. 지금의 나보다 잘하려고 애쓰는 게 더 중요하다.

_윌리엄 포크너

긍정의 스토리

긍정의 플래너

02/08
성공은 누구에게 오는가?

성공은 될 때까지 계속하는 사람에게 찾아온다.

될 때까지 다음 4가지를 실천해 보자.

1. 희망의 말을 반복하자.
2. 인내하는 사람이 되자.
3. 초지일관하는 사람이 되자.
4. 목적을 세워 놓고 움직이는 사람이 되자.

농부가 땀 흘리며 씨를 뿌리고 추수를 기다리는 것처럼 안 되면 될 때까지 하자.

· 긍정의 한마디

우리들이 인생에서 범하는 최대의 실수는 실패를 두려워하여 끊임없이 겁을 먹는 것이다.

_앨버트 허바트

긍정의 스토리

긍정의 플래너

02/09
솔로몬의 지혜

이 지구상에 가장 지혜로운 사람이 솔로몬이다.

솔로몬은 하나님이 주신 지혜를 가지고 3천 가지, 잠언 1천여 곡의 노래를 지었다. 지혜는 땅에서 나오는 것이 아니라 하늘에서 내려온다. 누구든지 성공을 원한다면 최선을 다하면서 하늘의 지혜를 구해야 한다.

지혜는 독서를 통해, 경험을 통해, 기도를 통해서 온다. 지혜는 삶 속에서 변형된 생성물이기 때문이다.

· 긍정의 한마디

지혜는 고통을 통해서 생긴다. _아에스킬루스

긍정의 스토리

긍정의 플래너

02/10
지혜를 구하라

지혜를 구하라.

지혜 있는 사람을 사람들은 곁에 두고 싶어 한다.

지혜는 자신을 당당하게 힘이다. 동시에 지혜는 자신을 빛나게 한다.

자신을 빛나게 하는 지혜를 찾으라. 지혜가 별이 되게 하라.

· 긍정의 한마디

육신의 눈이 둔해져야만 음의 눈이 예리해진다. _플라톤

긍정의 스토리

....
....
....

긍정의 플래너

....
....
....

02/11
좋은 동기를 배우는 사람이 되라

"동기는 사람을 움직이게 하지만 원칙은 사람을 계속 성장하게 한다"

이 말은 존 윌리암스의 말이다. 배움의 동기의식이 강하면 욕구가 많아진다. 사람들은 배우려고 하지 않는다. 그리고 입으로 창의적인 긍정, 이야기 한다.

긍정은 입으로 배우는 것이 아니라 현장에서 체험으로 배우는 것이다.

긍정의 한마디

교육을 받고 시야가 열려 있는 낙관주의는 그 대가를 얻는 것이다. _ 데이비드

> 긍정의 스토리

> 긍정의 플래너

02/12
긍정의 힘은 태도이다

'성장은 곧 변화'라는 말이 있다.

성장하지 않으면 변화될 수 없다. 변화되기 위해서는 바꿀 수 없는 것들을 빼고는 다 바꾸어야 한다.

예를 들면 성별, 고향, 국가, 부모, 형제, 혈액형 등을 빼고 다 바꾸어야 한다.

문제는 자신의 태도다.

인생의 성공을 좌우하는 것은 환경이 아니라 태도이다.

· 긍정의 한마디

불가능, 그것은 도전할 수 있는 가능성을 의미한다. 불가능, 그것은 사람들을 용기 있게 만들어주는 것이다. 불가능, 그것은 아무것도 아니다. _아디다스 광고 카피

긍정의 스토리

긍정의 플래너

02/13
긍정을 가진 사람

우리는 긍정을 가진 사람이 되어야 한다.

긍정이 있을 때 다른 사람을 질투를 하지 않고 칭찬 할 수 있다.

동시에 말을 많이 하기보다 타인의 말을 귀 기울이면서 희망을 주는 사람이 된다.

말을 많이 하기보다 긍정의 영향력 있는 사람이 되라.

· 긍정의 한마디

나는 어떤 일을 시작하든 반드시 된다는 확신 90%에 되게 할 수 있다는 자신 10%를 가지고 일해 왔다. 안될 수도 있다는 회의나 불안은 단 1%도 끼워 넣지 않는다. _ 정주영

긍정의 스토리

....
....
....

긍정의 플래너

....
....
....

02/14
격려는 다시 일어나게 하는 힘이다

사람들은 격려하는 사람을 좋아한다.

격려는 인간성이 좋다고 하는 것이 아니다. 착하다고 격려를 잘하는 것도 아니다. 창의적인 마음을 가진 사람이 잘한다. 사람들은 착각한다. 마음이 착한 사람은 생각도 착하다고 생각한다. 그렇지 않다. 성품이 착한 것이지 마음이 착한 것은 아니다. 착한 사람도 악한 생각, 나쁜 마음을 가지고 산다. 그러나 격려는 성품의 문제가 아니고 배우야 할 학습의 문제다.

· 긍정의 한마디

우주의 기운은 자력과 같아서 우리가 어두운 마음을 지니고 있으면 어두운 기운이 몰려온다. 그러나 밝은 마음을 지니고 긍정적이고 낙관적으로 살면 밝은 기운이 밀려와 우리의 삶을 밝게 비춘다. _법정 스님

긍정의 스토리

긍정의 플래너

02/15
격려의 격언에서 배워라

격려(encouragement)란 무엇인가?

사람들로 하여금 보다 훌륭한 사람이 되도록 하는 칭찬하는 말이다. 로렌스 크랩은 '내가 오늘 여기까지 온 것은 많은 격려 자가 있었기에 가능하다'고 말한다. 위더스푼은 "많은 사람들은 경력관리에는 신경을 쓰지만 인생을 관리하는 데는 신경을 쓰지 않는다". 두 학자는 우리 모두에게 격려하는 법을 배우라고 말한다. 누군가 베풀어 준 친절한 말 한마디가 나를 일어설 수 있게 만든다.

- 긍정의 한마디

당신이 할 수 있다고 믿든 할 수 없다고 믿든 당신이 믿는 대로 될 것이다. _ 헨리 포드

긍정의 스토리

....
....
....

긍정의 플래너

....
....
....

02/16
신념을 가지고 노력하라

『부자에겐 특별한 법칙이 있다.』

이 책은 영국의 백만장자 300명을 조사한 결과로 쓰인 책이다.

이 책에서 제시한 '특별한 법칙'은 부자들은 매우 열심히 일하며, 돈보다는 시간과 성취를 매우 중요시한다는 것이다. 게으른 사람 중에 부자가 된 사람은 없고, 남을 속여서 부자가 된 것은 오래가지 못한다. 우리는 무슨 일을 하든지 신념을 가지고 끈기 있게 노력해야 한다.

· 긍정의 한마디

노력은 땅에 씨앗을 뿌리는 것과 같다. 당장에 그 결과가 돌아오지 않지만 곧 최고의 수확을 거두게 될 것이다. _짐론

긍정의 스토리

긍정의 플래너

02/17
긍정적인 면을 보라

로마에 한 어머니가 정치인이 되려는 아들을 만류했다. "네가 정치하면 사람들에 의해서 상처를 입고, 부정직하면 신의 노여움을 살 것이다. 어느 쪽이든 상처를 입게 될 것이니 정치판에 얼씬도 하지 말거라."

이 말을 듣고 정치를 꼭하고 싶었던 아들이 대답했다. "제가 정치하면 신의 노여움도 피할 수 있고, 부정직하면 세인들에 의해서도 상처를 받지 않겠지요. 결국 어느 쪽이든 상처 받을 일은 없을 것입니다." 언뜻 궤변처럼 들리지만 모자간에는 차이가 있다. 어머니는 부정적인 면만을, 아들은 긍정적인 면만을 보았다.

· 긍정의 한마디

우리는 오로지 사랑을 함으로써 사랑을 배울 수 있다. _아이리스 머독

긍정의 스토리

긍정의 플래너

02/18
적극적인 언어의 영향력

로버트 슐러가 캔사스에 있는 어느 집을 방문하였다.

그 집의 대문에 다음과 같은 말이 쓰여 있었다.

"이 문을 통과한 이상 당신은 무조건 적극적인 말만하여야 한다. 그렇지 않으면 침묵을 지켜라"

타인을 만날 때, 타인의 직장을 방문 할 때, 적극적인 말만하자. 그렇지 않으면 침묵하는 것이 도와주는 것이다.

· 긍정의 한마디

긍정적으로 생각하라. 원하는 것을 마음 속 깊이 생각하고 또 생각하면 그 바람은 어김없이 현실로 나타난다. _앤드류 매튜스

긍정의 스토리

....
....
....

긍정의 플레너

....
....
....

02/19
바라봄의 법칙

이 땅에는 두 종류의 사람이다.

하나는 위를 올려다보는 사람이고, 다른 하나는 아래를 내다는 보는 사람이다. 사람은 각자의 위치에서 끊임없이 무엇인가를 바라본다. 어디에서 세상을 보느냐에 따라서 보는 관점과 가치관이 달라진다. 사장의 입장에서, 보는 것과 사원의 입장에서 보는 것은 다르다. 바라보는 생각이 자기를 다스린다.

· 긍정의 한마디

두 사나이가 같은 철창 밖을 내다본다.

한 사나이는 진흙탕을, 다른 사나이는 별을 본다. _프리드릭 랑브리지

긍정의 스토리

....
....
....

긍정의 플래너

....
....
....

02/20
인내는 성공을 만든다

에드먼드 힐러리는 에베레스트 산(1953)을 최초로 등정한 사람이다. 힐러리는 뉴질랜드의 시골 출신으로서 어렸을 때부터 모험을 좋아했다.

1953년 5월 29일에 정상(2,9028피트)에 도달하여 세계 최고봉에 오른 첫 번째 사람이 되었다. 힐러리라고 처음부터 잘 한 것은 아니다. 그는 좌절하는 대신 "에베레스트여! 너는 자라지 못한다. 그러나 나는 자랄 것이다. 또한 나의 힘도, 장비도 자랄 것이다. 나는 다시 돌아 올 것이다. 기다려라" 이렇게 말했다. 성공하는 데에는 인내가 필요하다.

· 긍정의 한마디

사교의 명수는 모욕을 유머로, 부정을 긍정으로 바꾼다. _그라시안

긍정의 스토리

긍정의 플래너

02/21
메모광이 되라

성공한 사람은 모두 메모를 잘하는 사람이다.

링컨은 모자 속에 항상 종이와 연필을 넣고 다니면서 떠오른 좋은 생각, 타인에게 유익한 말을 들은 즉시 기록하는 습관을 가졌다. 그 덕분에 정규 학교엔 다녀 본 적도 없는 링컨이 가장 훌륭한 정치가가 된 것이다. 이뿐 아니라 음악가 슈베르트는 식당의 식단표, 입고 있는 자기 옷에 그때그때 떠오른 악상을 기록하는 습관을 가진 덕분에 아름다운 곡을 많이 작곡할 수 있었다. 집중된 에너지는 자신의 꿈을 현실로 만들기 위한 문서이다.

· 긍정의 한마디

언제나 자기 자신과 자신의 상황을 긍정적으로 생각하라. _앤드류 매튜스

긍정의 스토리

긍정의 플래너

02/22
장점을 가지고 자신을 개발하라

"만일 그대가 지닌 장점이 없으면 장점을 가진 것처럼 생각하라" 이 말은 셰익스피어의 명언이다.

자신이 성공하기 위해서는 약점에 집착하기보다는 장점을 발견해야 한다. 자신이 긍정적인 사람이 되기 위해서 상대방의 장점에는 눈을 뜨고, 단점에는 눈을 감으라. 누군가에게 은혜를 베풀었다면 기억하지 말라. 은혜를 입은 다음에는 잊지 말아라.

가장 중요한 건 돈이 아니라 바른 인격이다. 자신의 특기를 개발하라.

· 긍정의 한마디

어떤 일이 도저히 불가능하다고 스스로 믿고서 시작하는 것은 그 일을 불가능하게 만드는 원인이다. _워너메이커

긍정의 스토리

....
....
....

긍정의 플래너

....
....
....

02/23
절망일 때 차곡차곡 시작하라

칼라일이 프랑스 혁명사를 탈고한 후에 스튜어트 밀에게 원고를 보여주었다. 그런데 며칠이 지나도록 소식이 없던 친구가 창백한 얼굴로 찾아왔다.

원고를 하녀가 난로 불을 지피기 위해 넣어 버린 것이다. 이 말을 듣고 칼라일은 정신을 잃고 아무 일도 할 수 없었다.

그러던 어느 날, 한 석공이 집을 짓는데 벽돌을 하나씩, 쌓는 것을 보고 새로운 용기가 솟아났다. "그래 나도 다시 시작하는 거야" 다시 원고를 쓴 것이 불란서 혁명사이다.

· 긍정의 한마디

이 세상 모든 것에는 긍정적인 면이 있다. _앤드류 매튜스

긍정의 스토리

....
....
....

긍정의 플래너

....
....
....

02/24
인생은 무한 도전이다.

도전하는 사람만 새로운 세계를 향해서 나갈 수가 있다.

계란의 유정 란에는 생명이 있지만 무정란에는 생명이 없다. 유정 난과 무정 난은 어미 닭이 21일만 품어보면 드러난다. 생명이 있는 곳에는 생명으로 드러나지만, 생명이 없는 생명은 드러나지 못한다. 한 번도 넘어지지 않고 정상으로 올라간 사람은 없다. 넘어졌을 때 무너지는 사람이 있고, 툭툭 털고 다시 일어나는 사람이 있다. 장애물을 만나면 두려워하지 말고 다시 일어서자.

· 긍정의 한마디

할 수 있는 것도 할 수 없다고 생각하면 할 수 없다.

할 수 없는 것도 할 수 있다고 믿기에 할 수 있는 것이다. _미야케 세츠레이

긍정의 스토리

....
....
....

긍정의 플래너

....
....
....

02/25
새로운 통찰력으로 시작하라

사람의 통찰력은 그냥 나오지 않는다.

일상에서 실패 했을 때, 난감한 일을 만날 때, 발상의 전환을 통해서 만들어진다. 난감한 일을 만났을 때 새로운 통찰력을 가지고 불가능한 것을 새롭게 예측하라.

그 속에서 새로운 아이디어가 떠오를 것이다.

이제 무엇을 하든지 작은 변화라도 눈 여겨 보라.

무엇인가 달라질 것이다.

· 긍정의 한마디

어떤 일을 하던지 고난이나 난관이나 부정적인 면보다도 긍정적인 면을 먼저 생각하고 고려하자. 그리하여 희망하는 일들을 하나하나 성취해 나가자. _노만 필

긍정의 스토리

긍정의 플래너

02/26
목적에 이끌리어 가는 사람이 되라

헨리 포드는 자동차 왕이다.

그가 어린 시절 어머니가 편찮으실 때 의사를 부르러 10km를 넘는 거리를 달려갔다. 그때 마다 포드는 마차보다 더 빠른 운송수단을 만들겠다는 꿈을 가졌다. 그는 꿈을 가슴에 품고 끊임없이 노력한 결과, 자동차를 개발할 수가 있었다.

어느 대학을 나왔느냐 보다 더 중요한 것은 꿈이다. 헬렌 켈러는 "눈이 있어도, 보기는 보아도, 비전이 없는 사람이 가장 불쌍한 사람"이다. 꿈이 나 자신을 이끌어 간다.

· 긍정의 한마디

어떤 일을 시작하면 일단 잘될 것이라고 낙관하라. 그러면 그 낙관론이 성공을 안겨줄 것이다.

_톰 피터스

긍정의 스토리

긍정의 플레너

02/27
자기 개발에 투자하라

지금은 투자의 시대이다.

학교, 학원, 운동, 취미 생활도 모두 자기개발을 위한 투자이다. 현재 투자하지 않으면 새로운 능력을 습득할 수 있을 까? 답은 없다이다. 그렇다면 일상의 생활 속에서 오늘 하루도 나에게 '투자'하는 시간이 많은 사람은 자기를 개발하는 중이다. 오늘 자신에게 투자하며 앞으로도 계속 잘 될 것이다.

· 긍정의 한마디

생각이 우리의 태도와 행동을 결정하고 그것들은 다시 성공과 실패를 결정한다.

_브라이언 트레이시

긍정의 스토리

....
....
....

긍정의 플래너

....
....
....

02/28
긍정적인 시각을 가져라

기업에서 아프리카에 진출하기 위해서 사원을 보냈다. 그들은 조사를 마치고 본국으로 돌아와서 이렇게 보고를 하였다.

부정 : "아프리카 사람들은 한 사람도 신발을 신고 다니는 사람이 없습니다. 앞으로 신발 시장은 불가능합니다."

긍정 : "아프리카 사람들은 한 사람도 신발을 신은 사람이 없습니다. 앞으로 무한한 가능성이 있습니다."

무엇을 보느냐에 따라서 생각의 차이는 드러내게 된다.

· 긍정의 한마디

마음의 밭에 '긍정'을 심으면 긍정적인 결과가 나오고 '부정'을 심으면 부정적인 결과를 낳는다.

생각 속에 성공을 넣으면(Success In), 성공의 결과가 나온다(Success Out) _박형미 파코메리 대표

긍정의 스토리

긍정의 플래너

3월

March

모든 것을 다 할 수 없다고
불안해하지 마라

03/01
가장 높이 나는 새가 멀리 본다

'갈매기의 꿈'에 나온 이야기이다.

주인공 조나단 리빙스턴은 다른 갈매기들보다 더 높이 날았다. 그런데 자기 동료들은 해변에서 하루 종일 먹이만 찾으며, 배부르면 놀고, 배고프면 먹이를 찾아다니는 것이 하루 일과였다. 그러나 조나단 갈매기는 친구들에게 이렇게 말한다.

"가장 높이 나는 새가 가장 멀리 본다". "높이 올라 멀리 보라"

자신의 눈높이를 높일 때, 새로운 세계가 보인다.

· 긍정의 한마디

인생의 목적은 이기는 것이 아니다. 인생의 목적은 성장하고 나누는 것이다. _해롤드 쿠시너

긍정의 스토리

긍정의 플래너

03/02
자신에게 투자하라

찰스 핸디라는 사람이 쉘에서 수습을 마치고 인사부 대기실에 앉아 있었다. 그때 은퇴를 얼마 남겨 놓지 않은 선배가 지나가다 물었다. "자네 여기서 뭘 기다리고 있나?"

"회사가 저를 위해 어떤 결정을 했는지 들어보기 위해 기다리고 있습니다"

선배가 말했다. "자신에게 투자하게, 자네 말고는 아무도 자네에게 투자하지 않을 거야."

자기 자신에 투자하지 않으면 희망은 오지 않는다.

· 긍정의 한마디

성공을 측정하는 방법을 바꾸어라. 자신의 이력서를 얼마나 휘황찬란하게 만들었느냐가 아니라 타인에게 어떤 영향을 미쳤는지, 주위 사람들의 삶을 변화시키도록 만들었는지를 기준으로 삼아라. _토머스 J. 드롱

긍정의 스토리
....
....
....

긍정의 플래너
....
....
....

03/03
자신의 좌우명을 암기하자

어떤 책을 읽다 보면 외워두고 싶은 글귀가 하나쯤 나온다.

그 중에 나에게 중요하기에 밑줄을 그어 놓는다. 하지만 책이 그냥 책꽂이에 꽂혀있거나 친구가 빌려갔다면 어떻게 되겠는가? 눈에서 멀어지면 마음까지도 멀어진다.

가끔 좌우명으로 삼고 싶은 말이 있으면 반드시 외워두자. 노래 가사 외우듯이 외우자. 외우고 나면 그 좌우명이 자신을 만들어 갈 수 있다.

· 긍정의 한마디

힘이 닿는 데까지 최대한 남을 도와주었다고 느끼는 사람은 실로 행복한 사람이다.

_앤드류 카네기

긍정의 스토리

....
....
....

긍정의 플래너

....
....
....

03/04
나는 나처럼 싸우면 된다.

이스라엘 역사에 다윗 이라는 인물이 나온다. 이스라엘에 블레셋이 침략해 왔을 때 골리앗이라는 장수가 나와서 진검승부를 원했다. 이 사람의 키는 무려 290cm나 되고 목소리 또한 우렁찼다.

이때 이스라엘에서는 골리앗과 싸울 장수가 없었다. 다윗이라는 소년이 사울 왕에게 나아가 싸우겠다고 말했다. 거절당했다. 그러나 간청하여서 골리앗과 싸워서 이긴 것이다. 이것이 다윗과 골리앗 싸움이다. 결과는 우리가 다 아는 것이 아닌가? 우리는 무엇을 하든지 나는 나처럼 싸우면 된다.

· 긍정의 한마디

속도보다 중요한 것은 방향이다. 늦어서 실패하는 사람이 있고, 너무 빨라서 일을 망치는 사람도 있다. 방향이 있는 삶, 목적이 이끄는 삶, 절제가 있는 삶에는 실패가 없다. _하용조 목사

긍정의 스토리

긍정의 플래너

03/05
사랑의 열정은 베껴 갈 수가 없다.

월트 디즈니사는 훌륭한 기업으로 정평이 나 있다. 한 번은 경쟁회사의 사원들을 자기 회사에 초빙했다. 그리고는 월트 디즈니의 모든 시설을 다 보여주었다. 기업 기밀에 속한 것 같은 내용도 서슴없이 보여주고, 설명까지 해주었다.

탐방을 마치고 난 후 한 사람이 물었다. "이렇게 회사의 아이디어와 노하우를 다 공개해도 되는 것입니까?" 월트 디즈니사는 "아이디어나 이런 연구시설은 모방할 수 있지만, 디즈니의 열정은 모방할 수 없습니다." 얼마든지 껍데기는 베껴가라는 것이다. 마음속에 있는 사랑의 열정은 베껴 갈 수가 없다.

• 긍정의 한마디

성공이 행복의 열쇠가 아니라 행복이 성공의 열쇠다. 자신의 일을 진심으로 사랑하는 사람이라면 그는 이미 성공한 사람이다. _알버트 슈바이처

> 긍정의 스토리

> 긍정의 플래너

03/06
열정은 능력이다.

무엇을 하든지 열정이 있어야 한다.

그 열정은 복사 할 수 없다. 노하우는 얼마든지 베낄 수가 있다.

자신을 이길 수 있는 강력한 힘은 사랑이다. "나는 저 사람들을 뜨겁게 사랑한다. 나는 저들을 위해서 죽을 수 있다." 이 열정이 꿈이고 야망이다. 진정한 승리자가 되려면 어설픈 흉내를 내려고 해서는 안 된다. 모방은 일시적인 발전을 위한 길이지만 계속 따라 해서는 안 된다.

· 긍정의 한마디

열정을 상실한 사람은 노인과 같다. _헨리 데이비드 소로

긍정의 스토리

긍정의 플래너

03/07
명사의 어록을 주의 깊게 읽어라

이순신 장군의 어록을 보면 이런 이야기가 나온다.

"집안이 나쁘다고 탓하지 말라, 머리가 나쁘다고 탓하지 말라, 좋은 직위가 아니라고 불평하지 말라, 윗사람의 지시라고 어쩔 수 없다고 말하지 말라, 몸이 약하다고 고민하지 말라, 기회가 주어지지 않았다고 불평하지 말라, 조직의 지원이 없다고 실망하지 말라, 옳지 못한 방법으로 가족을 사랑한다고 말하지 말라, 죽음이 두렵다고 말하지 말라." 명사의 어록에는 자신을 이기기 위한 구축 시스템이 제시되어 있다.

· 긍정의 한마디

일은 권태, 비행, 빈곤 세 가지 악을 없앤다. _볼테르

긍정의 스토리

....
....
....

긍정의 플래너

....
....
....

3월 MARCH 모든 것을 할 수 없다고 불안해하지 마라

03/08
수많은 연습은 실전이다.

1800년대 일본의 화가 후쿠사이가 있다. 어느 날 후쿠사이의 친한 친구가 찾아와 수탉 그림을 그려달라고 부탁했다. 수탉을 그려본 적이 없는 후쿠사이는 친구에게 1주일 후에 오라고 한다. 그리고 한 달, 두 달, 6개월… 이런 식으로 3년의 세월이 흘렀다. 친구는 더 이상 참지 못하고 후쿠사이에게 화를 냈다. 그때 후쿠사이는 말없이 종이와 물감을 가지고 오더니 순식간에 수탉을 그려주었다. 완성된 그림이 얼마나 생동감이 있던지 살아있는 수탉을 보는 것 같았다. 이 그림을 본 친구는 기뻐하기보다 왜 3년씩이나 기다리게 했느냐며 항의 했다. 화실에는 지난 3년 동안 밤낮으로 연습한 수탉의 그림이 산더미처럼 쌓여 있었다. 타고난 재능은 거듭된 훈련으로 되는 것이다.

· 긍정의 한마디

경험은 우리에게 발생한 일이 아니라, 그 일에 대처하는 우리의 행동을 의미한다. _올더스 헉슬리

긍정의 스토리

긍정의 플레너

03/09
긍정의 구축 시스템

긍정을 구축하기 위해서 필요한 것이 있다

첫째, 주변에 긍정의 사람이 많아야 한다.

둘째는 긍정의 정보를 알아야 한다.

셋째 자신의 일에 최선을 다하라.

무슨 일을 하든지 긍정의 사람과 소통하면 힘을 얻고, 약화된 부분들을 통합하게 된다.

이때 구축된 시스템이 바른 방향을 인도하는 것이다. 만약 긍정으로 살다가 문제가 생기면 진리에서 답을 찾으라.

· 긍정의 한마디

나 자신의 긍정적인 행동을 막지 않겠다. _K. 오브라이언

긍정의 스토리

....
....
....

긍정의 플래너

....
....
....

03/10
계속 반복하라

루빈스타인은 부지런하기로 유명한 음악가다.

그가 남긴 유명한 좌우명이 있다. "하루를 연습하지 아니하면 자기 자신이 알고, 이틀을 연습하지 아니하면 평론가가 알고, 사흘을 연습하지 아니하면 벌써 청중이 안다."

그는 음악회가 있든 없던 매일같이, 하루에 다섯 시간을 계속 연습한다. 연습만이 자신을 지키는 길이다.

· 긍정의 한마디

나는 언제나 모든 일의 좋은 면만을 본다. _마리아 테레사

긍정의 스토리

....
....
....

긍정의 플래너

....
....
....

03/11
연습생 신화

무명의 선수가 땀과 노력을 통하여 정상에 선 사례를 '연습생 신화'라고 한다. 한화 이글스에 장종훈 선수이다. 그는 수많은 연습을 통해서 위대한 업적을 만든 선수이다.

연습은 땀이고 반복이다. 자신과의 싸움이다. 이런 노력이 신화 창조를 만드는 것이다. 연습생 신화는 연습과 훈련을 통해서 이루어내는 것이다. 무엇을 하든지 연습을 게으르게 하지 말라. 연습에 흘릴 땀은 결코 거짓말을 하지 않는다.

긍정의 한마디
마음을 어떻게 잡느냐에 따라서 사람은 세상일을 어떤 방향으로든지 잡아갈 수 있다. 운명을 개척할 수 있는 자신감을 길러야 한다. _후쿠지마 다네신

긍정의 스토리

긍정의 플래너

3월 MARCH 모든 것을 할 수 없다고 불안해하지 마라

03/12
연습과 노력을 반복하라

양평에 있는 화가의 갤러리를 방문한 적이 있었다.

나는 이분에게 예술은 유전적인 요인이 크지 않느냐고 물었다.

이 분의 대답은 유전적인 요소 20%, 노력 80%라고 말한다.

세상에 그냥 되는 것은 없다. 연습과 훈련을 반복 할 때에 가능해지는 것이다. 한 번 잘못하면 실수다. 계속 되면 실패다. 다시 실패하지 않도록 분석하고 다음에는 성공으로 연결시키면 된다.

· 긍정의 한마디

모든 자연과 생명의 창조적 핵심은 긍정적이고 낙관적이며, 소망이 넘치는 것이라는 것이 내 믿음이다. _디오도어 루빈

긍정의 스토리

긍정의 플래너

03/13
책 속에서 답을 찾으라

학생들에게 책을 왜 읽지 않느냐고 물었다.

필요성을 못 느껴서…

인터넷이 있기 때문에…

재미가 없어서…

그러면 책을 읽는 이유가 무엇인가? 학점을 받기 위해서, 과제를 위해서, 읽으면 좋을 것 같아서이다.

꼭 기억하라! 책을 읽을 때 생각의 지평이 넓어진다. 좋은 책을 읽는다는 것은 자기 개발의 첫걸음이다.

· 긍정의 한마디

작은 일도 동의에 의해 시작된다. 아무리 큰일도 일치되지 못하면 흐지부지되고 만다. _셀러스트

긍정의 스토리

긍정의 플래너

03/14
고전 속에서 답을 찾으라

미국 시카고 대학은 100권의 고전을 읽어야 졸업 할 수 있다.

고전을 통해 역할 모델을 찾으라는 것이다. 이런 이유가 시카고 대학교가 하버드대학교를 앞서는 노벨 수상자를 내고 있는 것이다. 이것은 고전의 책 읽기가 영향을 주었다는 것이다.

책 읽는 부모를 보고 자란 아이들은 자연스럽게 책을 좋아한다. 책을 읽고 전진해 나가라. 정보화 시대에 성공은 책을 읽는 것이 필수다.

· 긍정의 한마디

마음은 수천 개의 채널이 있는 텔레비전과 같다. 그리하여 우리가 선택하는 채널대로 순간 순간의 우리가 존재하게 된다. _틱낫한

긍정의 스토리

긍정의 플래너

03/15
긍정 속에서 답을 찾으라

두 종류의 성격을 가진 사람이 있다.

긍정적 사람, 부정적 사람… 긍정적 사람은 모든 가능성의 문을 다 열어 놓고 좋은 결과를 창조하는 사람이다. 그러나 부정적인 사람은 결과를 생각해보고 안 된다는 이유를 찾는다. 어떤 사람은 긍정에서 답을 찾고 어떤 사람은 부정에서 답을 찾는다. 부정하는 사람은 부정을 보았고, 긍정하는 사람은 긍정을 보았다. 지금까지 부정이 성공하는 법이 없다.

성공하려면 무조건 긍정의 길을 찾아야 한다.

· 긍정의 한마디

우리의 마음은 밭이다. 그 안에는 기쁨, 사랑, 즐거움, 희망과 같은 긍정의 씨앗이 있는가 하면 미움, 절망, 좌절, 시기, 두려움 등과 같은 부정의 씨앗이 있다. 어떤 씨앗에 물을 주어 꽃을 피울지는 자신의 의지에 달렸다._틱낫한 스님

긍정의 스토리

....
....
....

긍정의 플래너

....
....
....

03/16
약점 때문에 괴로워하지 말라

지휘자 토스카니니는 악성 원시로 가까운 글씨를 읽을 수가 없었다. 어머니는 자식을 생각하면서 매일 눈물로 세월을 보냈다. 그러나 토스카니니의 생각은 달랐다. 맹인은 되어서 아무것도 보지 못하지만 자기는 볼 수 있기에 늘 감사한 마음을 가지고 살고 있었다. 그는 책을 보지 않고도 음악 공부를 하는 방법을 늘 생각했다. 어느 날 좋은 아이디어가 떠올랐다. 어머니에게 악보를 읽어 달라고 하여 악보를 모조리 외워 버린 것이다

누구나 약점이 있다. 약점 때문에 괴로워하지 말라.

· 긍정의 한마디

실패한 사람들의 생각은 생존에, 평범한 사람들은 현상유지에, 성공한 사람들은 생각이 발전에 집중되어 있다._존 맥스웰

긍정의 스토리

....
....
....

긍정의 플래너

....
....
....

03/17
시련을 이기는 사람

징기스칸은 수많은 땅을 점령했던 사람이다.

그가 시련을 이기고 훗날 이렇게 말했다.

- 가난하다고 탓하지 마라.
- 작은 나라에서 태어났다고 말하지 마라.
- 배운 게 없다고 탓하지 마라.
- 너무 막막하다고, 그래서 포기해야겠다고 말하지 말라.
- 나는 내 이름도 제대로 쓸 줄 몰랐지만 남의 말에 귀

를 기울이면서 현명해지는 법을 배웠다.

이런 약점이 자생력을 가진 사람으로 만들었던 것이다.

- 긍정의 한마디

다수의 사람들은 장애물을 보지만 소수의 사람들은 목표를 본다. 역사는 후자의 성공을 기록한다. 전자에겐 잊혀 짐이란 결과만이 있을 뿐이다._ 아르망 몽파페르

> 긍정의 스토리

> 긍정의 플래너

03/18
연습이 실전이다

한 학생이 아르바이트생으로 일하였다. 그가 하는 일은 바닥에 흘러내린 콜라를 닦아내는 것이다. 한 번은 50개의 콜라 병이 든 상자가 터졌다. 아무도 이것을 닦아낼 생각을 하지 않았다. 그때 한 소년이 바닥에 꿇어 엎드려 콜라를 열심히 닦아내고 있었다. 그 학생의 가정은 가난했고 학교 성적도 하위권이었다. 그러나 소년에게는 남들이 갖지 못한 장점은 성실하면 시련 앞에 용감했다. 이 사람이 '걸프전의 검은 영웅' 콜린 파월이다. 역경은 사람을 강하게 만든다.

긍정의 한마디

사람과 사람 사이에는 아주 작은 차이가 존재한다. 그러나 이 작은 차이가 엄청난 격차를 만들어낸다. 여기서 작은 차이는 '마음가짐이 적극적인가, 소극적인가' 이고 엄청난 격차는 '성공하느냐, 실패하느냐' 이다. _ 나폴레온 힐

긍정의 스토리

긍정의 플래너

03/19
우리는 가능성 있는 사람이다.

무슨 일이든지 포기해서는 안 된다.

부정적 자화상을 가진 사람은 '내가 뛰어 봤자'라고 생각한다. 이렇게 자기의 한계를 너무 낮게 잡고 살면 어려움 앞에서 삶을 스스로 포기해 버린다.

어떤 사람이든지 한계는 있다. 한계는 한계를 정하라고 있는 것이 아니라, 한계를 벗어나라고 있는 것이다. 벼룩은 근육이 발달하여 자신의 몸길이보다 200배를 뛸 수 있다.

· 긍정의 한마디

긍정적인 마음가짐은 영혼을 살찌우는 보약이다. _ 나폴레온 힐

긍정의 스토리

....
....
....

긍정의 플래너

....
....
....

3월 MARCH 모든 것을 할 수 없다고 불안해하지 마라

03/20
자신의 경험을 극복하라

신분을 극복하는 길은 두 가지이다.

열심히 노력하고 공부하는 것이다. 이런 원리를 가지고 라이트 형제는 하늘을 나는 '비행기를 구상하다 비행기를 타 보는 경험'을 했다. 로버트 슐러는 '불가능한 일이 존재하는 것이 아니라, 불가능하다는 생각이 존재한다' 라고 말 했다. 자신이 경험한 생각만 꼭 옳은 것은 아니다. 자신이 경험하지 못했지만 성공한 사람의 경험을 통해서 배울 수가 있어야 한다.

· 긍정의 한마디

100번 째에 성공이 찾아왔다. _아인슈타인

긍정의 스토리

....
....
....

긍정의 플레너

....
....
....

03/21
혀의 권세

유태인의 격언가운데 이런 말이 있다.

"어진 사람은 자기 눈으로 직접 본 것을 남에게 이야기 하고 어리석은 사람은 자기 눈으로 보지 못하고 귀로만 들은 것을 이야기 한다"

사람이 살면서 가장 조심해야 할 것이 혀다. 인간이 다른 동물과 다른 점은 말을 하기 때문에 문명을 만들고 발전시킬 수 있다.

우리는 창의적인 사람이다.

· 긍정의 한마디

'할 수 있다'고 말하다 보면, 결국 실천하게 된다. _사이먼 쿠퍼

긍정의 스토리

....
....
....

긍정의 플래너

....
....
....

3월 MARCH 모든 것을 할 수 없다고 불안해하지 마라

03/22
콜럼버스는 개척자이다.

콜럼버스가 4차 항해를 완결하고 스페인 왕비에게 이런 보고서를 보낸다.

"내가 신천지를 발견한 것은 나의 수학의 힘이나 항해술 때문이 아닙니다. 그것은 나의 믿음 때문입니다" 너무나 멋진 말이다.

신념이 있으면 소망이 생기고, 희망이 있으면 용감해진다.

콜럼버스가 쓴 항해일지는 언제나 이런 말로 맺어졌다

"우리는 오늘도 동쪽으로 전진하였다"

· 긍정의 한마디

성공하는 사람은 남들이 던진 벽돌로 견고한 기초를 쌓는 사람이다. _데이비드 브링클리

긍정의 스토리

긍정의 플래너

03/23
나이팅게일의 헌신

후로렌스 나이팅게일은 간호사의 대부이다.

그는 이탈리아의 부유하고 문화적인 교육을 받은 가정에서 자라났다. 31세 때 새로운 가능성을 발견하고 간호학을 공부한 다음 전쟁터를 찾아갔다. 피 흘리며 쓰러지는 부상자들을 사랑으로 돌보아주며 3년 동안을 도왔다.

이런 헌신은 자신을 스스로 내려놓았을 때 가능한 것이다.

· 긍정의 한마디

역사는 밤에 이루어진다. 인격은 어둠 속에서 나타나는 당신의 모습이다. _존 호핀

긍정의 스토리

긍정의 플래너

03/24
배움을 실천하라

우리는 명사의 강연을 많이 듣는다.

강연을 듣고 금세 의욕이 솟구치다가도, 며칠만 지나면 예전과 똑같아 진다.

우리가 꼭 배워야 할 것은 실천해야 가능하다. 만약 실천하지 않으면 시간이 갈수록 욕구가 사라지는 것은 실천하지 않기 때문이다. 배움이 생활이 될 때 모든 것은 가능하다.

· 긍정의 한마디

비관론자는 매번 기회가 찾아와도 고난을 본다. 낙관론자는 매번 고난이 찾아와도 기회를 본다.

_윈스턴 처칠

긍정의 스토리

....
....
....

긍정의 플래너

....
....
....

03/25
생각의 차이를 극복하라

어느 날 아버지와 아들이 사막을 가고 있었다.

아들이 힘들어 하자 아버지는 용기를 내라고 격려를 했다. 아버지와 아들은 계속해서 사막 길을 걸어갔다. 이때 그들의 눈에 공동묘지가 나타났다. 이것을 본 아들이 말한다. "아버지, 저것 보세요. 우리 선조들도 여기서 모두 죽어 갔잖아요."

이때 아버지가 아들에게 말한다. "아들아 공동묘지가 있다는 것은 이 근방에 동네가 있다는 표시이다."

상황 속에서도 희망의 흔적을 찾아야 한다.

· 긍정의 한마디

항상 옳은 일을 하라. 그러면 몇몇 사람은 고마워 할 것이고 나머지는 깜짝 놀랄 것이다.

_마크 트웨인

긍정의 스토리

긍정의 플래너

3월 MARCH 모든 것을 할 수 없다고 불안해하지 마라

03/26
실패에서 배워라

한 청년이 호텔 벨 보이가 되었다. 한 친구가 "너는 얼굴이 반반하고 뺀질뺀질해서 벨 보이로 일하면 굶지는 않겠다."라고 무심코 말했다. 이 말이 계기가 되어 YMCA에서 6개월 연수를 마치고 웨스틴 조선 호텔에 실습 웨이터로 들어갔다. 그는 힐튼, 신라, 라마다, 르네상스를 거치면서 2001년 호텔 리베라의 총지배인이 되고 2년 후에는 거기서 호텔리어가 됐다. 벨 보이가 된지 23년 만에 정상에 오른 것이다. 그 말한다. "항상 나보다 한 단계 위에 있는 사람이 하는 일을 살피고, 미리 공부했어요"

· 긍정의 한마디

우리에게 두 손이 있는 것은 하나는 받는 손이고 다른 하나는 베푸는 손이다. 우리는 저장하는 창고가 아니라, 베푸는 통로로 지음 받았다. _빌리 그레이엄

긍정의 스토리

긍정의 플래너

03/27
희망으로 긍정을 찾으라

'모소'라는 대나무가 있다.

'모소'는 싹을 틔우기 전에 뿌리가 수십 미터까지 뻗는다. 땅속 줄기에서 싹이 돋아나면 뿌리에서 보내주는 영양분을 공급받아 순식간에 자라게 된다. 4년이란 기간은 튼튼한 뿌리를 내리기 위한 준비 기간이다. 이와 같이 대나무는 위로 자라기 전에 아래로 먼저 자란다. 지혜로운 사람은 대나무와 같다. 위로 성장하기에 앞서 아래로 먼저 튼튼한 뿌리를 먼저 내리고 그 뿌리의 힘을 바탕으로 삼아 성장할 줄 아는 사람이다.

· 긍정의 한마디

최선의 생각을 품으라. 최선의 말을 하라. 최선을 다해 일하라.

그리고 자신의 양심으로 인정받으라. _수전 앤서니

긍정의 스토리

긍정의 플래너

03/28
긍정의 힘으로 이겨라

긍정적인 사고가인 로버트 슐러도 크고, 작은 어려움을 만났다.

사랑하는 아내가 유방암 때문에 절개수술을 받아야 했고, 사랑하는 셋째 딸이 교통사고 때문에 다리를 잘라내야 했다. 이뿐 아니라 하나밖에 없는 아들이 이혼당하는 쓰라림을 맛보아야 했다. 그 자신도 아주 심각한 뇌출혈 때문에 사경을 헤매기도 했다. 또한 반대자들로부터 모진 비난을 받아야 했다. 그러나 오직 그는 긍정의 힘으로 어려움을 옮길 수 있었다.

오직 믿음과 기도로 작은 산들을 옮길 수 있다.

· 긍정의 한마디

생각 있는 긍정은 무미건조한 부정보다 낫다. _그라시안

긍정의 스토리

....
....
....

긍정의 플래너

....
....
....

03/29
질병은 부정을 만든다.

마틴 셀리그만은 우울증에 걸린 사람들은 연구하였다

대부분 우울증에 걸린 사람은 "난 부족한 사람이야." 부정적인 말을 많이 한다는 것이다.

이런 부정적인 언어습관 때문에 자신을 제한 한다고 한다.

사람에게 능력이나 재능보다 더 중요한 변수는 언어습관이다.

어떤 언어의 습관을 가지고 있느냐에 따라서 자신을 행복하게도, 불행하게도 만들 수 있다.

· 긍정의 한마디

낙관주의자는 장미에서 가시가 아니라 꽃을 보고, 비관주의자는 꽃은 망각하고 가시만 쳐다본다. _칼릴 지브란

긍정의 스토리

긍정의 플래너

03/30
비전이 없어도 격려 받으면 소질을 개발할 수 있다.

프랑스의 작가 앙드레 지드는 어린 시절 거짓말과 속임수에 능한 소년이었다. 그는 겁이 많고 심약한 학생, 비전이 없어 보이는 '열등한 학생'에 불과했다.

한 번은 학교에서 선생님이 앙드레 지드에게 시를 낭송하도록 했다. 그는 감정을 한껏 실어 멋지게 시를 낭송했다. 이때 선생님은 "넌 아주 훌륭한 작가가 될 소질이 있다"라고 칭찬해 주었다.

선생님의 격려의 말 때문에 자신의 소질을 개발한 것이다. 누구나 격려를 받으면 강력해 진다.

• 긍정의 한마디

빛은 세상을 가득 채운다. 어둠은 다만 일시적인 현상에 불과하다. 세상을 비관하는 사람은 아무 것도 얻을 수 없다. _그라시안

긍정의 스토리

긍정의 플래너

03/31
두 남자의 좌절에서 배워라

두 남자가 의기투합을 하여 글을 썼다.

그들은 원고를 마무리 한 후 출판사를 찾았다. 무려 그들은 3년에 걸쳐 33번의 거절을 당한 것이다. 그들이 어떻게 했을까? 포기하지 않고 또 다른 출판사를 찾아갔다. 다행히도 34번째 출판사로부터 허락을 받아냈다.

33번의 '실패' 끝에 출판된 책이 바로 '영혼을 위한 닭고기 수프' 라는 명작이다. 서른세 번을 거절당하고 실패하는 동안, 이들을 지켜준 힘은 긍정적인 근성이었다.

· 긍정의 한마디

운명은 용기 있는 사람 앞에서는 약하고 비겁한 사람 앞에서는 강하다. _세네카

긍정의 스토리
....
....
....

긍정의 플래너
....
....
....

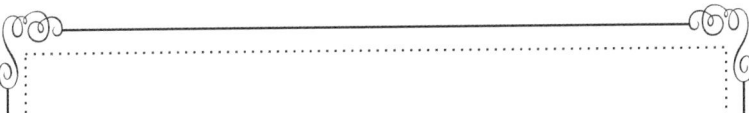

4월

April

실망은 금물

04/01
끝없이 연구하라

에디슨은 전기를 발명할 때 수 만번 실험을 하였다. 그는 많은 실패에도 포기하지 않고 불가능과 싸워 나갔다.

어느 날 제자가 찾아와서 말했다.

"선생님. 그렇게 실패하셨으면서도 집념을 못 버리시는군요"

에디슨은 "실패라니. 아니야. 이렇게 하면 안 된다는 수만 가지의 방법을 배운 것이지" 라고 말하며 더욱 연구에 몰두했다. 실패 할 때도 힘을 집중하는 것이 비전을 이루는 길이다.

· 긍정의 한마디

변화는 희망을 품는 사람에게는 힘을 북돋아 준다. _ 킹 위트니 주니어

긍정의 스토리

긍정의 플래너

04/02
노하우를 배워라

한 젊은이가 새 은행장으로 선출되었다. 그는 퇴임하는 은행장의 사무실로 성큼성큼 걸어 들어갔다. "은행장님, 충고의 말씀을 듣고자 왔습니다. 어떻게 해야 은행장님처럼 성공적인 은행가가 될 수 있을까요?" 전임 은행장은 다소 무뚝뚝한 말투로 대답했다. "두 단어이죠. 좋은 결정!" 그리고 이내 발길을 돌려 다시 전임자의 사무실 문을 두드렸다. "그런데 자기가 내린 결정이 좋은 것인지 아닌지는 어떻게 압니까?" 전임 은행장은 말했다. 그것은 "경험!" 젊은이는 나오다 말고 퇴임 은행장에게 물었다. "그럼 제가 어떻게 하면 그 경험을 얻을 수 있겠습니까?" "두 단어이지요. 나쁜 결정." 실패를 두려워하지 말라.

· 긍정의 한마디

쾌활한 사람들은 긍정적인 것을 찾으며(주의), 중립적인 사건을 긍정적으로 생각하고 어려움 속에서 성장의 기회를 발견하고(해석), 가치 있는 기억을 더 많이 한다. _에드 디너

긍정의 스토리

긍정의 플레너

04/03
정상은 가려져 있다

지그 지글러는 정상을 위한 조건으로 세 종류의 사람이 있다.

첫째는 인내하는 사람. 둘째는 초지일관하는 사람. 셋째는 목적을 세워 놓고 움직이는 사람이다.

도전 없이 동네 뒷산도 못 올라간다. 비행기를 타고 창가에서 아래를 보면 산 정상은 언제나 구름으로 덮여 있다. 지금도 정상은 가려져 있다. 그러나 도전하면 누구나 올라 갈수 있다.

· 긍정의 한마디

우리 세대의 가장 위대한 발견은 사람은 자기 마음을 고치기만 하면 자신의 인생까지도 고칠 수 있다는 것이다. _윌리엄 제임스

긍정의 스토리

....
....
....

긍정의 플래너

....
....
....

04/04
정상은 정복자를 위해서 비어 있다

정상을 보면 언제나 비어 있다.

신은 언제나 정상에 올라오는 사람을 위해서 비어둔 것이다.

세상도 마찬가지다. 정상이 가득차 있는 것 같아도 올라가보면 비어 있다.

정상은 노력하는 자의 것이고 정복한 자의 것이다.

지금 누군가가 신기록을 세웠어도 정상은 비어있다.

· 긍정의 한마디

마음을 정복한 사람에게 마음은 최고의 친구이다. 그러지 못한 사람에게 마음은 최대의 적이다. _바가바드 기타

긍정의 스토리

....
....
....

긍정의 플레너

....
....
....

04/05
정상은 가려져 있다.

정상은 보여 주지 않는다.

누구나 올라와서 도전하도록 흰 구름이 덥고 있다. 위에서 정상은 보여도, 밑에서는 정상이 보일 리가 없다. 정상은 신비다.

구름으로 가려진 것이 아니라 눈으로 덮여 있어서 정상은 노력하고, 열심히 하는 자에게만 보여 준다.

그 정상에 당신이 서기를 바란다.

· 긍정의 한마디

인생은 될 대로 되는 것이 아니라 생각대로 되는 것이다.

자신이 어떤 마음을 먹느냐에 따라 모든 것이 결정된다. _ 조엘 오스틴

긍정의 스토리

....
....
....

긍정의 플래너

....
....
....

4월 APRIL 실망은 금물

04/06
정상은 누구나 올라가고 싶은 것이다.

정상에 올라가기 싫은 사람은 아무도 없다.

나이를 먹은 할머니도, 할아버지도 올라가고 싶어 한다.

정상은 성취감, 보람과 뿌듯함이 있다.

이런 성취감을 위해서 밤을 자지 않고 도전하고 도전한다.

어떤 사람은 칠전팔기, 될 때까지 도전한다. 정상에서 세상을 보고 싶은 마음을 가지고 있기에 올라가는 것이다.

올라가라. 거기서 꿈을 펼쳐보아라.

· 긍정의 한마디

믿음은 강력한 영향력을 행사한다. _ 허버트 벤슨

긍정의 스토리

긍정의 플래너

04/07
정상은 도전하는 사람에게 언제나 정복당한다

지금도 정상은 정복당하기를 원한다. 그러나 정상은 쉽게 자리를 내주지 않는다. 누구든지 목표를 가지고 노력하고 꿈을 펼치려는 사람에게 만 정복당한다. 꿈을 가지고 올라가라. 당신의 자리가 준비 되어 있다. "가장 높이 나는 자가 가장 멀리 본다." 자아실현을 실천하라. 정상에 우뚝 서라. 정상은 준비된 자에게 힘없이 자리를 양보할 자세가 되어 있다.

· 긍정의 한마디

우리는 우리가 행복해지려고 마음먹은 만큼 행복해질 수 있다. 행복해지고 싶으면 행복하다고 생각하라. _에이브러험 링컨

긍정의 스토리

긍정의 플래너

04/08
조금만 더 힘쓰라

1863년 록펠러는 친구의 권유로 금광사업에 뛰어들었다. 그 광산은 폐광이라 아무리 깊이 파도 돌덩어리 밖에 나오지 않았다. 친구한테 사기를 당한 것이다. 그는 투자한 원금을 모두 날렸을 뿐 아니라, 빚더미에 앉게 되었다. 록펠러는 빚 독촉에 시달리다 자살하기 전에 기도했다.

그때 마음속 깊은 곳에서부터 들려오는 응답이 있었다.

"더 깊이 파라, 더 깊이 파라. 포기하지 말고 땅을 더 깊이 파라." 조금 더 파다가 보니까 거기서 검은 물이 나왔다. 석유였다. 아무리 힘들어도 끝까지 해보면 길이 보인다.

· 긍정의 한마디

우리는 성공이란 한 사람의 의지에서 비롯된다는 사실을 알게 된다. 그것은 모두 마음의 자세에 달려 있다. _ 월터 D. 윈틀

긍정의 스토리

긍정의 플래너

04/09
도움을 요청하라

"목표가 확실한 사람은 흔들리지 않는다"

이 말은 마틴 루터의 명언이다. 마틴 루터가 종교개혁을 할 때, 많은 사람들이 반대하면서 그를 배신하였다. 이 일로 루터는 날마다 견디기가 어려웠다. 하루는 잠자리에 들 때 이런 기도를 했다."하나님이여! 이 세상이 저희 것입니까? 아니면 하나님의 것입니까? 만일 당신의 세상, 당신의 교회라면 당신이 돌보십시오. 저는 잠을 자렵니다. 하나님! 잘 부탁드립니다." 전적으로 의지하는 마음이다. 이런 마음으로 종교개혁을 할 수 있었던 것이다. 힘들어도 가능성을 찾으라. 거기에 답이 보인다.

- 긍정의 한마디

우리가 어떤 일을 감히 하지 못하는 것은 그 일이 너무 어렵기 때문이 아니라 어렵다는 생각에 사로잡혀 그 일을 시도하지 않기 때문이다. _세네카

긍정의 스토리

긍정의 플래너

04/10
이순신의 명언을 기억하라

이순신 장군은 군사들에게 소리쳤다. "절대로 물러서지 마라! 살고자 하면 죽을 것이요(必生卽死, 필생즉사) 죽고자 하면 살 것이다(必死卽生, 필사즉생)."

이순신 장군의 지휘를 받은 병사들은 엄청나게 몰려드는 왜군 앞에서도 장군의 명령에 따라 단 한 척의 배도 뒤로 물리지 않고 죽기를 각오하여 용맹하게 싸웠다. 그 결과로 13척의 함대로 200척의 왜군 함대를 쳐서 승리했다. 지금도 무엇을 하든지 살고자하면 죽고, 죽을힘으로 하면 승리 할 수 있다.

· 긍정의 한마디

태도는 사소한 것이지만, 그것이 만드는 차이는 엄청나다. 즉 어떤 마음가짐을 갖느냐가 어떤 일을 하느냐보다 더 큰 가치를 만들 수 있다. _ 윈스턴 처칠

긍정의 스토리

긍정의 플래너

04/11
성공하는 사람은 누구인가?

존 맥스웰(John Maxwell)은 "성공하는 사람은 성공할 수밖에 없는 '믿음'을 가지고 있다"고 말을 했다.

무엇이든 최선을 다 할 때 성공 할 수 있다는 것이다. 지금까지 무엇인가 잘 준비하여 여기까지 왔다면 몸과 마음을 깨끗케 하고 최선을 다하여 담대히 맞서야 한다. 맥스웰은 말한다."부족한 부분을 기도로 채우라". 이것이 성공하는 사람이라는 것이다. 성공하기를 원하는가? 최선을 다하고 경건하게 신전 앞에 나가 기도하라. 당신은 거기서 승리 할 것이다.

· 긍정의 한마디

삶이란, 우리의 인생 앞에 어떤 일이 생기느냐에 따라 결정되는 것이 아니라, 우리가 어떤 태도를 취하느냐에 따라 결정된다. _ 존 호머 밀스

긍정의 스토리

긍정의 플래너

04/12
모든 일에 전도사가 되어라

전도사(傳道師)라는 말이 있다.

자신이 맡은 일에 임무를 다 하는 사람이라는 뜻이다.

자신이 맡은 일에 자신의 역할을 잘 감당하는 사람이다.

성공하려면 무엇이든지 목적을 이루려면 긍정으로 하지 않으면 되는 일이 없다.

현장에서는 부정이 통하지 않는다.

부정으로 얻을 수 있는 것은 아무것도 없다.

· 긍정의 한마디

어떤 일을 시작하면 일단 잘될 것이라고 낙관하라. 그러면 그 낙관론이 성공을 안겨줄 것이다. _톰 피터스

긍정의 스토리

긍정의 플래너

04/13
절망에서 희망을 노래하라

음악가 베토벤이 32살에 가장 슬픈 편지 한 장을 썼다.

"오 하나님이여! 불우한 인생을 마치기 전에 온전한 기쁜 날을 허락하여 주옵소서. 단 하루만이라도 기쁨을 만끽하게 하여 주시옵소서. 내 영혼, 내가 작곡한 이 음악을 단 하루 만이라도 깨끗한 귀로 들어볼 수 있게 해주세요." 그 후 24년 동안을 귀머거리로 살면서 작곡 활동을 계속하였다. 그는 절망 중에도 희망을 노래하였기에 가능한 것이다.

자신의 환경이 어려워도 희망을 노래하라.

· 긍정의 한마디

시작할 때부터 의심을 품으면 일은 어려워진다. _라스 폰 트리에

긍정의 스토리

긍정의 플래너

04/14
긍정의 힘은 이런 것이다

한비야의 글 중에 이런 이야기가 나온다.

아프리카의 한 마을에서 일어난 이야기이다. 이들에게 한 줌의 씨앗을 가져다주었다. 안타깝게도 비가 오지 않아서 파종한 씨앗은 싹을 틔우지 못했던 것이다. 그러나 놀라운 것은 씨를 나누어 준 마을 사람들은 씨를 심어놓았다는 사실 하나만으로 수확기까지 한명도 굶어 죽지 않았다. 그런데 옆 마을은 아사자가 속출했다. 똑같이 비가오지 않지만 씨앗을 뿌렸다는 그 사실 하나가 사람들을 살려놓은 것이다. 씨앗을 심고 희망을 기다리는 사람이 긍정의 사람이다.

· 긍정의 한마디

변화는 희망을 품는 사람에게는 힘을 북돋아 준다. _킹 위트니 주니어

긍정의 스토리

긍정의 플래너

04/15
인내가 결과를 만들어 놓는다.

사람들은 자신의 일에 대해 너무 일찍 승부를 건다.

너무 이른 승부욕 때문에 대부분 시행착오를 많이 한다. '실락원'을 쓴 밀턴(John Milton)은 매일 새벽 4시에 일어나 집필했다. 플라톤의 '국가론'은 무려 아홉 번이나 대필한 다음에 완성하였다. 시인 브라이언트는 자신의 시를 보통 99번씩 다듬어 완성했다.

레오나르도 다빈치의 '최후의 만찬'도 10년의 세월이 걸렸다. 위에서 소개한 사람들은 모두 끝까지 인내한 사람들이다. 실패와 역경이 있음에도 불구하고 인내하라.

· 긍정의 한마디

온통 고난만 가득한 상황에 빠져 단 일분도 견디기 어렵더라도 결코 포기하지 마라. 흐름이 바뀌는 시기와 장소가 있기 때문이다. _해리에트 비처 스토우

긍정의 스토리

긍정의 플래너

4월 APRIL 실망은 금물

04/16
세일즈는 날마다 새로운 것을 배우는 사람이다.

세일즈 왕으로 소문난 사람이 거절당할 때마다 싱글벙글 웃었다. 어떤 사람이 궁금해서 물었다

"그렇게 거절당해도 웃음이 나옵니까?"

"제 경험에 의하면 평균 9번 거절당해야 물건이 팔립니다. 그러니 한 번이라도 더 거절당하면 물건 팔 때가 가까워졌다는 뜻이니 얼마나 감사한 일입니까?" 이것이 웃는 이유이다.

실패 옆에 성공이 다가오고 있다.

· 긍정의 한마디

현실은 유한하나 가능성은 막대하다. _ 라마르틴

긍정의 스토리

긍정의 플래너

04/17
모든 것은 하루아침에 이루어지지 않는다.

'돈키호테'를 쓴 세르반테스는 이렇게 말한다.

"로마는 하루아침에 이루어지지 않는다. 우리에게 큰 문제는 바로 조급함이다" 벌이 1파운드의 꿀을 채취하기 위해서는 5만 6천 송이의 꽃을 찾아야 한다. 가령 클로버 꽃의 경우 한 송이 안에 60개의 튜브가 있어서, 벌은 336만 번의 작업을 거쳐야 1파운드의 꿀을 얻게 된다. 힘들어도 하던 일을 계속 반복 할 때 거기서 열매를 맺는다. 오늘도 하던 일을 반복하라.

· 긍정의 한마디

나는 낙심하지 않는다. 모든 잘못된 시도는 전진을 위한 또 다른 발걸음이니까_토머스 에디슨

긍정의 스토리

긍정의 플래너

04/18
하던 일을 계속하라

고사 성어에 '우공이산'이라는 말이 있다.

옛날 이우공이란 어리석은 사람이 있었다. 자기 집 앞에 있는 산이 싫어서 산을 파기 시작했다. 그랬더니 산에 있는 산신령들이 나타나서 이우공 노인을 비웃었다. "아니, 산을 판다고? 이 산이 없어지나?" 그러자 이우공이 "내가 파다가 안 되면, 내 아들이 파고, 내 아들이 파다 안 되면 내 아들의 아들이 파고, 그 아들이 파다 안 되면 그 아들의 아들이 파면되지…" 이 말은 들은 산신령들은 놀라서 산을 옮겼다고 한다. 무엇을 하든지 우직하게하면 답이 보인다.

· 긍정의 한마디

어떤 일이 도저히 불가능하다고 스스로 믿고서 시작하는 것은, 그 일을 불가능하게 만드는 원인이다. _워너메이커

긍정의 스토리

긍정의 플레너

04/19
뿌리가 좋은 사람은 별로 없다.

스티브 잡스는 미혼모 아들로 태어나 입양아로 자랐다.

대학 입학 후 6개월 만에 중퇴했다. 그리고 29세에 자신의 집 주차장에 차린 회사에서 컴퓨터 운영체제인 '매킨토시'를 내놓았다. 그는 이것으로 성공을 한 사람이다.

2005년 스탠퍼드 대학의 졸업 연설에서 명언을 남겼다. "Stay hungry, Stay foolish." '끝없이 배고파하고, 끝없이 배워라' 이 말을 곱씹으면 '열정을 가지고, 우직스럽게 살자'는 것이다.

누구든지 우직하게 자기 길을 갈 때 끝에는 답이 보인다.

· 긍정의 한마디

세월은 누구에게나 공평하게 주어지는 자본금이다.

자본을 잘 이용한 사람에겐 승리가 따른다_아뷰난드

긍정의 스토리

긍정의 플레너

04/20
그대 안에 가능성이 있다.

사람에게는 누구나 가능성이 있다. 기억하라. 현실 생활에 만족하여 안주하지 말고, 더 큰 꿈을 가지고 전진하라. 그대에게 미래가 있기에 다음과 같이 결심하고 실천하라.

1. 비전을 키우라.   2. 건강한 자아상을 키우라.
3. 생각과 말의 힘을 발견하라.
4. 과거의 망령에서 벗어나라.
5. 역경을 통해 강점을 찾으라.
6. 베푸는 삶을 살라.   7. 행복하기를 선택하라.

- 긍정의 한마디

기회는 작업복을 입고 찾아온 일감처럼 보여서 사람들 대부분이 이를 놓치고 만다. _토머스 에디슨

긍정의 스토리

긍정의 플래너

04/21
좋은 신조는 자신을 행복하게 한다.

누구에게나 신조 하나씩은 있다. 어떤 사람은 부정적인 신조를 가지고 산다.

이런 사람은 발전이 없다. 로버트 슐러의 절대 가능성의 신조를 소개한다. "산이 앞에 가로막힌다 해도 나는 단념하지 않으리라. 나는 계속 도전하리라. 나는 산에 오르리라. 아니면 산 밑에 터널을 파고 통과하리라. 아니면 하나님의 도움을 받아 그대로 산을 변화시켜 금광으로 만들리라"

· 긍정의 한마디

잘못된 점만 찾지 말고, 그것을 고칠 수 있는 방법을 찾아라 _헨리 포드

긍정의 스토리

긍정의 플래너

04/22
칭찬하는 방법을 배워라

우리는 칭찬하는 방법을 배워야 한다.

칭찬을 잘하려면 장점을 보면 즉시 칭찬해주라. 그래서 이렇게 칭찬해 주어야 한다.

1. 여러 사람 앞에서 칭찬해 준다.
2. 예기치 않은 때 갑자기 칭찬해 준다.
3. 짧게 칭찬 한다.
4. 작은 일도 잊지 않고 칭찬한다.
5. 주변부터 칭찬한 후 본인을 칭찬한다.

신체적인 칭찬보다 하는 일에 칭찬이 더 큰 감동을 받는다.

· 긍정의 한마디

칭찬 받았을 때 우쭐거리는 사람은 사실 칭찬 받을 자격이 없는 사람이다. _프로스트

긍정의 스토리

긍정의 플래너

04/23
한 가지 칭찬이라도 잘하자

사람이 100가지 다 잘하는 사람은 없다

잘하는 것, 한 가지만이라도 잘해야 성공 할 수 있다

잘하는 것 한 가지를 개발하라. 남자들은 일을 칭찬하면서 과정을 칭찬하면 무척 좋아 한다. 그러나 여자들은 외모의 변화에 대해서 꼭 칭찬하면 좋아한다.

칭찬하라. 우리 모두 좋아질 것이다.

· 긍정의 한마디

칭찬은 나를 부끄럽게 한다. 그것은 내 마음 한구석에서 그것을 은근히 바라고 있었기 때문이다. _래빈드래나스 타고르

긍정의 스토리

긍정의 플래너

04/24
일 년에 한 번씩 결심하고 실천하라

건강하고 긍정적인 삶의 비결을 소개한다.

1. 일 년에 적어도 한번은 해 오름을 보라.
2. 완벽함이 아닌 탁월함을 위해 노력하라.
3. 세 가지 새로운 유머를 알아 두어라.
4. 매일 세 사람을 칭찬하라.   5. 단순히 생각하라.
6. 크게 생각하되, 작은 기쁨을 즐겨라.
7. 당신이 알고 있는 가장 밝고 정열적인 사람이 되라.
8. 항상 치아를 청결히 하라.
9. 당신이 승진할 만하다고 생각될 때 요구하라.
10. 부정적인 사람들을 멀리 하라.

· 긍정의 한마디

한 사람이라도 돌무더기를 보면서 머릿속에 대성당의 이미지를 떠올린다면,

더 이상 그것은 돌무더기가 아니다. _ 앙투안 드 생텍쥐페리

긍정의 스토리

긍정의 플래너

04/25
긍정적 사고를 가지라

유대인들이 좋아하는 인물이 다윗이다.

그들은 다윗과 거인 골리앗의 싸움을 종종 인용한다. 이스라엘 사람들은 골리앗을 보고 두려움에 떨며 감히 저항하지 못 했다. 그러나 다윗은 돌팔매가 빗나갈수 없도록 골리앗의 몸집이 크기에 자신만만하게 덤볐다. 다윗은 상대편의 몸집이 큰 것은 싸움에서 이길 확률이 높다고 본 것이다. 무엇이든지 외형이 크다고 위축 들지 말라. 무엇인가 장점이 있으면 단점도 있다.

· 긍정의 한마디

자신이 할 수 있다고 생각하는 것보다 매일 조금씩 더 하라 _로웰 토머스

긍정의 스토리

....
....
....

긍정의 플래너

....
....
....

04/26
긍정적인 시각으로 보기

한 교사가 학생들에게 이런 질문을 했다.

"만일 어떤 방에 들어가서 거미줄을 보았다면 여러분은 어떤 생각이 들었겠습니까? 각자 말해 보세요." 그러자 한 학생을 제외하고는 모두가 비슷한 대답을 했다. "그 방에는 오래 전부터 먼지가 쌓였다". "그 방의 주인은 주의력이 부족하다" "거주자가 지저분하고 게으른 사람이다." 그런데 한 여학생의 대답은 "그곳에는 거미가 살았다." 이렇게 말했다. 가능성이 있다면 매사를 긍정적으로 보려고 노력해야 한다. 지나치게 비판적인 사람이 되지 말라.

· 긍정의 한마디

힘은 희망을 가지는 사람들에게 있고, 용기 속에 있는 의지에서 일어나는 것이다. _펄벅

긍정의 스토리

긍정의 플래너

04/27
부단히 노력하면 길이 열린다

두 마리의 개구리가 크림깡통 속에 빠졌다. 깡통의 옆면은 반짝반짝하고 가팔랐으며, 크림은 차가왔다. "이제 어떻게 하지?"

첫 번째 개구리가 "운명이지 뭐. 둘러봐도 도와줄 자가 없어" 그는 울다가 빠져 죽고 말았다.

두번째 개구리는 네 발을 마구 허우적거렸으며, 얼굴에 묻은 크림을 빨아먹으면서 중얼거렸다. 나는 살 때까지 헤엄치고 또 헤엄칠 거다. 마침내 크림이 버터로 굳어 그 개구리는 살아나올 수 있었다. 우리에게 위기가 찾아와도 포기하지 말라.

• 긍정의 한마디

서두르지 말라. 그러나 쉬지도 말라 _ 괴테

긍정의 스토리

....
....
....

긍정의 플래너

....
....
....

4월 APRIL 실망은 금물

04/28
긍정의 말 한마디

한 소년이 말썽을 많이 부려서 걱정거리였다.

어느 날 동네 할머니 한 분이 소년의 어깨를 짚고 말했다.

"얘야, 너는 똑똑하고 말을 잘하니 많은 사람들에게 좋은 영향을 끼치겠다." 이 소년의 머리에 할머니의 말이 사라지지 않았다.

소년은 신학 공부를 하고 전도자가 되었다. 그의 이름은 빌리 그레이엄이다. 긍정적인 말 한마디가 세계적인 전도자를 만든 것이다.

· 긍정의 한마디

육신의 눈이 둔해져야만 마음의 눈이 예리해진다. _플라톤

긍정의 스토리

긍정의 플레너

04/29
긍정적인 생각을 가지고 접근하라

어느 해변에 수많은 가게들이 있었다.

한 가게는 북적한데 옆 가게들은 한산했다. 그 이유는 한산한 가게는 '맨발 입장불가' 라는 팻말이 붙어 있었다.

손님이 북적이는 가게는 '맨발 손님 환영' 이라는 팻말이 붙어 있었다. 성공한 사람은 생각의 출발점이 다르다. 긍정적인 생각을 가지고 있으면 기회는 파랑새처럼 다가온다.

· 긍정의 한마디

시도해 보지도 않고는 누구도 자신이 얼마만큼 해낼 수 있는지 알지 못한다.

_푸블릴리우스 시루스

긍정의 스토리

....
....
....

긍정의 플래너

....
....
....

04/30
매사에 무엇을 보는가?

어느 회사에서 세일즈맨들의 능률이 오르지 않자 세미나를 개최 했다. 사장은 흰 수건 모퉁이에 점을 하나 찍어서 보이면서 "무엇이 보이느냐"고 물었다. 그들은 "까만 점"이 보인다고 대답을 하였다. 그러자 사장은 "자세히 보라. 다른 것은 보이지 않습니까?" 하고 다시 물었다. 그들은 여전히 까만 점 밖에는 보이지 않는다고 대답을 하였다. 그때 사장은 "여러분은 까만 점은 이 구석에 하나밖에 없는데 왜 이 넓은 흰 바탕을 볼 줄 모릅니까?" 라고 물었다. 그들은 끝까지 부정적인 것 보았던 것이다.

매사에 긍정을 보고, 긍정을 말하고, 긍정으로 생각하라.

· 긍정의 한마디

노력이란 좀 더 주체적이고 목적을 가지고 하는 걸 말한다. _ 무라카미 하루키

긍정의 스토리

긍정의 플래너

5월

May

저가는 마음을 가져라

05/01
긍정적인 인생관을 가져라

루스벨트는 긍정적인 인생관을 가진 사람이다.

그는 자신의 경험을 비추어서 '현실에 안주하는 보수주의자들은 다리가 있어도 걷지 못하는 장애인이다'라고 말했다. 그는 휠체어에 몸을 의지한 절망적 상황에서도 밝은 웃음과 유머를 잃지 않았다. 영국의 처칠은 "그를 만날 때는 마치 샴페인 뚜껑을 여는 것처럼 가슴이 설렌다"고 말했다. 장애를 가진 사람이지만 긍정적인 사고를 가진 사람이다.

긍정적 인생관을 가진 사람은 자신을 행복하게 한다.

· 긍정의 한마디

성공을 확신하는 것이 성공의 첫 걸음이다. _로버트 슐러

긍정의 스토리

긍정의 플래너

05/02
긍정을 매일 매일 실천하라

기독교 역사에 요한 크리소스토모 라는 사람이 있다.

이 사람은 긍정의 기도를 하였다.

"내가 무엇을 두려워하겠습니까? 죽음입니까? 아닙니다. 내가 사는 땅에서 쫓겨나는 것이 두렵겠습니까? 아닙니다."

이 사람은 무슨 일을 만나든지 긍정의 기도를 통해서 자신의 삶을 개척하였다고 한다. 이처럼 긍정을 가진 사람은 어떤 일을 만나든지 낙심하지 않는다.

· 긍정의 한마디

계단을 밟아야 계단 위에 올라설 수 있다._터키 속담

긍정의 스토리

....
....
....

긍정의 플래너

....
....
....

05/03
정주영 회장의 명언을 기억하라

정주영 회장의 명언이다.

"나는 인간이 스스로 한계라고 규정짓는 일에 도전해 그것을 이루어내는 기쁨을 보람으로 여기고 오늘까지 기업을 해왔고, 오늘도 도전을 계속하고 있다. 인간의 잠재력은 무한하다. 이 무한한 잠재력은 누구에게나 무한한 가능성을 약속하고 있다. 나는 주어진 잠재력을 열심히 활용해서 가능성을 가능으로 만들었다"

잠재력을 가지고 불가능에 도전하여 가능을 만든 사람이 되는 것이다. 누구나 불가능에 도전하면 가능이 나온다.

· 긍정의 한마디

의욕적인 목표가 인생을 즐겁게 한다._로버트 슐러

긍정의 스토리

....
....
....

긍정의 플래너

....
....
....

5월 MAY 커가는 마음을 가져라

05/04
상대방을 칭찬하는 방법을 배워라

우리는 사람을 칭찬하는 방법을 배워야 한다. 어떤 사람은 칭찬을 하고도 욕을 먹는 이유는 칭찬의 방법을 놓치기 때문이다.

다음과 같이 칭찬하라.

1. 사람을 사랑하고 존중하는 이야기를 하라.
2. 장점을 꼭 칭찬하라
3. 매일 매일 다르게 칭찬하라
4. 관심을 가지고 작은 일도 잊지 않고 칭찬하라.
5. 그의 하는 일을 하나하나 칭찬하라.

칭찬은 효과를 배가하는 방법이다.

· 긍정의 한마디

남들로부터 칭찬을 바란다면 자기의 좋은 점을 늘어놓지 말라. _파스칼

긍정의 스토리
....
....
....

긍정의 플래너
....
....
....

05/05
칭찬의 한마디를 가지고 있어라

심리학자 로젠소올 교수는 다음과 같은 실험을 하였다

초등학교 학생들에게 IQ 테스트를 한 다음, 결과를 보지도 않고 5명당 1명 정도의 아이들을 무차별 선정하여, 무조건 머리가 우수한 아이들 이라고 칭찬해 주었다. 그 후 1년이 지나 똑같은 아이들에게 지능 테스트를 했다. 칭찬받은 아이들이 다른 아이들에 비해 IQ가 20이상 올라간 아이도 있었다. 야! 대단하네. 잘했다. 넌 역시 뭔가 달라.

누구나 칭찬해 주면 잠자던 잠재력이 깨어나기 시작한다.

· 긍정의 한마디

무엇보다도 칭찬은 우리에게 가장 좋은 식사이다.　S. 스마일즈

긍정의 스토리

긍정의 플래너

05/06
칭찬 한마디의 능력

한 폴란드의 소년이 피아니스트를 꿈꾸었다.

레슨을 맡았던 교사는 "너는 손가락이 짧고 굵어 안 되겠다"라고 말해 절망하였다. 그런데 피아노의 거장 루빈스타인이 피아노 연주를 보고 "조금만 다듬으면 천부적인 재능이 빛을 볼 것"이라고 칭찬했다. 이때부터 소년은 다시 의지를 불태워 피아노곡을 만들었다. 이 사람이 '소녀의 기도'를 작곡한 파데렙스키이다.

칭찬의 한 마디가 사람의 인생항로를 바꾸어 놓는다.

· 긍정의 한마디

사람이 우리를 호평하게 만드는 유일한 길은 그를 호평하는 것이다. _볼테르

긍정의 스토리

긍정의 플래너

05/07
할머니의 칭찬 한 마디

존 맥아더 장군이 있다. 그는 어려서 골목대장이다. 아이들을 만나면 두드려 패고 싸움만하는 말썽꾸러기라고 부모에게 꾸중을 들으면서 성장했다. 그러던 어느 날 할머니가 말했다.

'맥아더야! 너는 군인 기질이 많다. 군인이 되면 큰 군인이 될 기질이야.'

이 말 한 마디가 맥아더를 흥분시켰다. 그는 자라서 육군사관학교를 졸업하고 위대한 군인이 되었다.

칭찬 한 마디가 인생을 바꾸어 놓았다.

· 긍정의 한마디

성실하게 시인하고 칭찬을 아끼지 말라. _카네기

긍정의 스토리

긍정의 플래너

5월 *MAY* 커가는 마음을 가져라

05/08
잉크병을 깨뜨린 아들 칭찬

어느 유명한 화가의 고백이다.

어머니가 장보러 간 후 잉크병을 깨뜨리며 벽을 뒤범벅으로 만들었다. 그는 어머니가 돌아오면 혼날 것이 걱정이 되어 그림을 그렸다. 얼룩진 그림을 보더니 '아들아! 너는 미술가가 될 소질이 있구나! 예술적이다' 어머니가 주는 칭찬 한 마디가 그 아들을 미술가로 만들었다.

이처럼 칭찬은 나 자신을 춤추게 한다.

· 긍정의 한마디

좋은 칭찬 한 마디에 두 달은 살 수 있다._마크 트웨인

긍정의 스토리

긍정의 플래너

05/09
칭찬의 비결을 알아야 한다.

킹슬리는 돌고래 조련사로부터 칭찬의 기술을 배웠다.
(칭찬은 고래도 춤추게 한다, 중에서)

1. 칭찬할 일이 생겼을 때 즉시 칭찬하라.
2. 잘한 점을 구체적으로 칭찬하라.
3. 가능한 한 공개적으로 하라.
4. 결과보다는 과정을 칭찬하라.
5. 사랑하는 사람을 대하듯 칭찬하라.
6. 거짓 없이 진실한 마음으로 칭찬하라.
7. 긍정적인 눈으로 보면 칭찬할 점이 보인다.
8. 일이 잘 풀리지 않을 때에는 더욱 칭찬하라.
9. 잘못된 일이 생기면 꾸짖지 말고 다른 방향으로 일을 유도하라.
10. 가끔씩 자기가 자기를 칭찬하라. 앞으로 이렇게 칭찬하면 된다.

· 긍정의 한마디

상대의 장점을 먼저 칭찬하고, 그 다음 단점을 지적하라. _앤드류 매튜스

> 긍정의 스토리

> 긍정의 플래너

05/10
끝까지 낙심하지 말라

스탠리 존스라는 선교사가 있다.

이 사람이 열심히 복음을 전해도 인도 사람들은 받아들이지 않았다. 그가 낙심해서 사과나무 밑에 쓰러져 누워 있을 때 하늘의 음성이 들려다. "스탠리 존스, 피곤하지? 지쳤지?". "예, 지쳤습니다.""왜 지쳤지". "제가 아무리 복음을 전해도 예수를 믿지 않습니다" 하나님께서는 조용히 말씀하셨다. "이 사과나무를 보아라. 지금은 열매가 없는 것 같으나 뿌리가 땅에 묻히고 잎이 태양을 향해 열려져 있으면 언젠가는 좋은 열매가 맺힐 것이다." 우리는 무슨 일을 하든지 낙심하지 말고 끝까지 포기하지 말아야 한다.

• 긍정의 한마디

할 수 없어도 할 수 있다고 말하자. 지금 할 수 있다고 말하지 않으면 영원히 기회는 없다.

우선 '할 수 있다'라고 말하자. _나카타니 아키히로

긍정의 스토리

....
....
....

긍정의 플래너

....
....
....

05/11
우리가 포기하지 말아야 하는 이유(1)

우리는 어려움 속에서도 희망을 포기하지 말아야 한다.

포기하지 말아야 할 이유 4가지가 있다.

첫째, 우리의 마음이 상했을 때 신을 만나게 된다.

둘째, 우리의 미래가 어떻게 펼쳐질지 모르기 때문이다.

셋째, 우리는 하늘에 속한 사람이다.

넷째, 누구도 우리를 포기하지 않는다.

어떤 상황에서도 포기하지 말고 더욱 분발하자. 그러면 다시 일어날 수 있다.

- 긍정의 한마디

불가능하다고 입증되기 전까지는 모든 것이 가능하다. 그리고 불가능한 것도 현재 불가능한 것일 뿐이다. _펄 벅

긍정의 스토리

....
....
....

긍정의 플래너

....
....
....

05/12
우리가 포기하지 말아야 할 이유(2)

포기하지 말아야할 시 한편을 소개한다.

때론 일이 잘되지 않을 때, 당신이 걷고 있는 길이 내내 언덕길일 때, 자금은 얼마 없고 빚은 많을 때, 웃고 싶어도 한숨지어야 할 때, 걱정이 당신의 어깨를 내려 누를 때, 쉬어야 한다면 쉬어도 되겠지만 포기하지는 말라. 많은 실패가 방향을 바꾼다. 그러나 참고 견디면 이길 수 있다. 속도가 느리더라도 포기하지 마라. 포기하지 않으면 다시 일어날 수가 있다.

· 긍정의 한마디

내가 걷는 길은 험하고 미끄러웠다. 그래서 나는 자꾸만 미끄러져 길바닥에 넘어지곤 했다. 그러나 나는 곧 기운을 차리고 내 자신에게 말했다. '괜찮아. 길이 약간 미끄럽긴 해도 낭떠러지는 아니야.' _에이브러햄 링컨

긍정의 스토리

긍정의 플래너

05/13
포기하지 않는 삶의 교훈

젊은 의사가 소설을 쓰게 되었다.

원고를 쓰지만 마음대로 쓰여 지지 않았다. 어느 날 산책길에서 도랑 파는 늙은 농부를 만났다. 농부는 목장을 만들기 위해 선친 때부터 해온 일인데 뜻대로 되지 않는다고 말한다. "결코 나는 도랑 파는 것을 포기하지는 않을 걸세"이 말에 큰 감명을 받은 의사는 다시 원고를 쓰기 시작하였다. 이 책이 「천국의 열쇠」를 쓴 A·J 크로닌이다. 무엇을 하던지 포기하지 않는 교훈을 배워야 한다.

· 긍정의 한마디

길을 걷다가 돌을 보면 약자는 그것을 걸림돌이라고 하고, 강자는 그것을 디딤돌이라고 한다.

_토마스 칼라일

긍정의 스토리

긍정의 플래너

05/14
포기란 무엇인가?

고등학교 학급의 급훈이 있었다.

"포기란 배추나 셀 때 쓰는 말이다"

힘들고 어려우면 쉽게 포기해 버리는 아이들에게 선생님은 꼭 필요한 말을 참 재미있게 써 놓은 것이다. 지나친 집착도 문제이지만, 가장 소중한 것을 쉽게 포기하는 것이 큰 문제다. 작은 자존심 때문에, 힘들고 어렵다는 이유로 꿈을 포기하지 말아야 한다.

· 긍정의 한마디

승자는 구름 위의 태양을 보고 패자는 구름 속의 비를 본다. 승자는 넘어지면 일어서는 쾌감을 알고 패자는 넘어지면 재수를 한탄한다. _J. F. 케네디

긍정의 스토리

....
....
....

긍정의 플래너

....
....
....

05/15
포기하지 마라

'포기하지 마시오.' 이 말은 영국 수상 처칠이 남긴 연설이다. 그가 수상직에서 물러 난후에 모교 고등학교 졸업식에 참석하였다. 이때 연설을 부탁하였다. 주어진 시간은 6분이었다. 갑자기 강단에 선 처칠은 생각하다가 한 마디 하였다. '포기하지 마시오(Never give up)' 그리고 침묵을 지켰다. 몇 분 후 다시 말했다.'포기하지 마시오(Never give up)' 그리고 몇 분후 '절대로, 절대로, 절대로 포기하지 마시오(Never give up, Never give up, never, never, never.)' 결코 포기하지 않는 삶의 용기만이 승리의 영광을 누리게 해 줄 것이다

- 긍정의 한마디

"안 돼. 나는 할 수 없어." 많은 사람들이 이같이 부정적인 말을 너무도 쉽게, 습관처럼 내뱉는다. 사람의 마음은 강력한 도구이다. 어떤 일이 자신의 능력 밖의 것이라고 일단 확신하게 되면 그 후에는 스스로 만든 장애물을 넘어서기가 거의 불가능해진다. _리처드 칼슨

긍정의 스토리

긍정의 플래너

05/16
좌절은 새로운 출발이다.

1664년 런던에 흑사병이 발생하여 수백 명이 죽어갔다. 이 전염병으로 사람들은 시골로 피신하기까지 했다. 존 뉴턴도 학업중단이란 절망감을 안고 케임브리지 대학을 떠나 외가인 울스소프라는 작은 마을로 피신하였다. 어느 날 오후 점심을 먹은 후 뉴턴은 의자에 앉아 명상을 즐기다 수직으로 떨어지는 사과를 보았다. 가장 힘들 때 그는 「만유인력의 법칙」을 발견한 것이다. 고난의 때에 사람들은 쉽게 좌절한다. 그러나 좌절은 생의 마감이 아니라 새로운 삶의 출발이 되어야 한다.

· 긍정의 한마디

불가능하다고 생각하면 그 어떤 것도 가능하지 않으며, 가능하다고 생각하면 그 어떤 것도 불가능하지 않다. 긍정적으로 생각하고 노력을 경주하라. 그러면 무엇이든 가능하다. _토머스 J. 빌로드

긍정의 스토리

긍정의 플래너

05/17
격려는 위대한 자산이다.

자동차 왕 헨리 포드는 '격려는 인생의 위대한 자산이다' 라는 말을 하였다. 이 말을 하게 된 배경에 관해 「에디슨의 격려」를 들었다고 한다. 에디슨의 격려로 새로운 자동차 엔진개발을 할 때 전문가들이 비웃었다. 어느 날 함께 식사모임에 참석했던 에디슨이 포드의 설명을 듣고 책상을 치며 젊은이, 이것은 걸작이야. 자네는 벌써 해낸 거나 마찬가질세' 라고 격려했다. 수년 후 엔진을 개발한 포드는 이때를 회상하며 말했다. '에디슨이 책상을 치는 순간 나는 세상을 모두 얻은 기분 이었다' 격려가 새 힘을 준다.

· 긍정의 한마디

%의 가능성, 그것이 나의 길이다. _ 나폴레옹

긍정의 스토리

··
··
··

긍정의 플래너

··
··
··

5월 MAY 커가는 마음을 가져라

05/18
격려의 위대함을 가져라

한 공장에 성악가를 꿈꾸는 소년이 있었다.

어려운 중에 겨우 첫 레슨을 받았을 때, 교사는 "너는 성악가로서의 자질이 없어. 네 목소리는 대문에서 나는 바람소리 같다"라고 혹평했다. 그 말에 실망하는 아들을 어머니는 꼭 껴안으며 말했다. "아들아 너는 할 수 있어 실망하지 말아라. 네가 성악 공부를 할 수 있도록 엄마는 어떤 희생도 아끼지 않겠다." 소년은 어머니의 격려를 받으면서 열심히 노래했다. 이 소년이 바로 성악가인 앙리코 카루소이다. 따뜻한 사랑의 격려는 사람의 인생을 바꾸어 놓는다.

· 긍정의 한마디

인생은 자전거를 타는 것과 같다. 계속 페달을 밟는 한 넘어질 염려는 없다.

_클라우드 페퍼

긍정의 스토리

긍정의 플레너

05/19
V자 형태가 주는 힘을 배워라

기러기 떼가 V자 형태를 갖추고 날아간다.

선두 기러기가 앞에 서서 날고, 나머지는 V자 형태로 날면 공기대가 형성되어 뒤따르는 기러기는 혼자 날 때 보다 70%나 더 오래 날수 있다. 기러기는 자신들이 내는 소리를 내며 날아 갈 때 자기 위치를 확인함으로 더 많이 날수 있다고 한다.

나의 말이 다른 사람에게 힘을 주면 내가 살고 이웃이 산다.

· 긍정의 한마디

힘은 희망을 가지는 사람들에게 있고 용기는 속에 있는 의지에서 일어나는 것이다._펄벅

긍정의 스토리

....
....
....

긍정의 플래너

....
....
....

05/20
믿음의 격려가 되라

윈스턴 처칠 수상은 후배들을 격려해 주는 사람으로 유명하다. 한 번은 자기의 후배 중 국회의원이 된 사람 하나가, 국회에서 처음연설을 하게 되었다.

처음으로 하는 연설이라 얼마나 두렵고 떨리겠는가? 말의 갈피를 잡지 못하고 당황해서 어쩔 줄 몰라 했다. 그런 모습을 보면서 처칠은 사람을 보내어 쪽지를 건네주었다. 연설 도중에 이 사람이 메모를 받았다. 그 메모에는 "너는 해낼 것이다. 처칠." 쓰여 있었다. 이 격려로 그는 연설을 성공적으로 끝낼 수가 있었다. 믿을 만한 한 사람의 격려가 좋은 결과를 가져온다.

· 긍정의 한마디

희망은 절대로 당신을 버리지 않는다. 단지 당신이 희망을 버릴 뿐이지. _리저트 브뤼크너

긍정의 스토리

긍정의 플래너

05/21
한 마디의 격려를 받고 살자

청소하는 미화원이 있었다.

그는 항상 자신의 직업에 회의를 느꼈다. 언젠가는 이 일을 그만 두겠다며 불만을 말하면서 하루하루가 지겹고 힘들었다. 그런데 언제부터인가 청소부의 얼굴이 밝아졌다. 마을을 청소하면서 콧노래를 부르기도 했다. 이 청소부를 변화시킨 것은 아내의 따뜻한 격려 한마디였다. "여보, 나는 이 마을을 깨끗하게 청소하는 당신이 정말 자랑스러워요. 당신의 노고가 없다면 이 마을은 쓰레기로 뒤덮였을 거예요" 이런 격려가 있으면 자신감이 붙는다.

· 긍정의 한마디

사람의 마음은 낙하산과 같아서 활짝 펼쳤을 때 제 기능을 발휘한다. _ 토머스 듀어

긍정의 스토리

....
....
....

긍정의 플래너

....
....
....

05/22
변화에 익숙하지 복에 익숙하지 말라

변증학 교수인 반틸의 말이다.

"복에 관한 이야기를 반복적으로 지나치게 하지 말라. 자신이 복 받기에 마땅한 사람이라는 인상을 계속 심어주다 보면 나중에는 사실과 동떨어진 영웅적 스토리를 창조할 위험성이 있기 때문이다." 자신이 변화될 부분에 익숙해야 한다.

자신의 변화에 익숙할 때 열매가 지속적으로 나타나는 것이다.

· 긍정의 한마디

긍정적인 사고를 가지면 그야말로 하늘이 무너져도 솟아날 구멍이 있는 법이고, 결과적으로 무엇이든 이룰 수 있는 것이다. _정주영

긍정의 스토리

....
....
....

긍정의 플래너

....
....
....

05/23
문제를 축복으로 만들어라

장애물과 기회의 차이는 무엇인가?

우리의 태도이다. 모든 기회에는 어려움이 있으며 모든 어려움에는 기회가 있다. 어려운 환경이 닥쳤을 때, 뛰어난 태도를 지닌 사람은 최악의 상황을 최대한으로 이용한다. 인생은 숫돌이다. 숫돌이 당신을 갈아 없애느냐, 아니면 당신을 윤이 나게 갈아주느냐 하는 것은 당신이 그것을 어떻게 이용하느냐에 달려 있다.

· 긍정의 한마디

많은 긍정적 사고를 갖고 있는 기업들이 부정적 사고를 갖고 있는 기업들을 인수해 부자가 되었다.

_로브터 앨런

긍정의 스토리

긍정의 플래너

05/24
고전을 읽고 배워라

미국에 스테다드 오일 회사가 있다.

스탠다드 오일 회사의 중역가운데 한 사람이 성서를 읽던 중에 "레위족속 중 한 사람이 레위 여자에게 장가들었더니… 그를 위하여 갈 상자를 가져다가 역청과 나무진을 칠하고 아이를 거기 담아 하숫가 갈대 사이에 두고" 읽게 되었다. 그는 성서를 읽다가 머리에 번갯불처럼 지나가는 것이 청이라고 하는 단어이다. 역청은 석유의 일종이다. 모세의 어머니가 역청을 구할 수 있었다면 지금도 구 할 수 있다고 생각해서 여기서 유전을 발견하게 된 것이다. 고전 속에 놀라운 비전이 있다.

· 긍정의 한마디

언제나 자기 자신과 자신의 상황을 긍정적으로 생각하라. _앤드류 매튜스

긍정의 스토리

긍정의 플래너

05/25
말 한마디가 운명을 바꾼다

말 한 마디가 운명을 바꾸기도 한다.

말 속에 사상과 생명이 담겨 있다. 말속에서 질병을 이겨내고, 실패를 이겨내고, 문제를 극복한다. 어떤 말이 자신의 운명을 바꾸는 것인가?

1. 친절한 말
2. 격려의 말
3. 감사하는 말
4. 사랑의 말

이런 말이 자신에게 전달될 때 운명을 바꾸는 것이다.

- 긍정의 한마디

긍정적인 사고를 가지면 그야말로 하늘이 무너져도 솟아날 구멍이 있는 법이고, 결과적으로 무엇이든 이룰 수 있는 것이다. _정주영

> 긍정의 스토리

....
....
....

> 긍정의 플레너

....
....
....

05/26
시련은 대가로 열매를 준다.

카르타고의 한 장군이 알프스 산록에서 병사들을 소집했다.

그는 험난한 연봉을 가리키며 병사들에게 외쳤다. "저 알프스 너머에 우리의 목표인 이탈리아가 있다." 장군은 산 정상에 도달하기까지 감수해야 할 위험을 숨기지 않았다. 그러자 생명의 위험도 무릅쓰고 병사들은 전진하여 알프스 최고봉에 기를 꽂았다. 기쁨에 넘친 병사들은 산 아래를 바라보니 불가능하게 보였던 산봉우리가 눈 아래 펼쳐져 있었다. 그들은 시련의 대가로 이탈리아를 완전히 손안에 넣은 것이다.

· 긍정의 한마디

희망 없는 상황이란 없다. 모든 것에 대해 희망을 품어라. _매들린 렝글

긍정의 스토리

긍정의 플래너

05/27
자기 일을 천직으로 알아라

크리스토 우렌공이 성전을 짓고 있을 때이다.

우렌공은 평복을 입고 공사현장을 돌아보았다. 석공이 일하고 있는 곳으로 다가가서 "무엇을 하고 있습니까?" 하고 물었다. 한 석공이 "아무 의미 없이 그냥 일하고 있습니다"고 대답했다. 또 한 석공은 아니꼽다는 듯이 쳐다보며 "입에 풀칠하려고 일하고 있습니다"고 대답했다. 셋째 석공은 "부족한 사람이 감히 바울성전을 짓고 있습니다. 얼마나 영광입니까? 기뻐서 일하고 있습니다." 자기가 무엇을 하기를 원하는지 분명한 목표를 갖고 일하는 사람은 일에 기쁨과 사명이 있다.

· 긍정의 한마디

한순간 불가능해 보이는 것도 신념을 가지면 다음 순간 가능해진다. _노먼 빈센트 필

긍정의 스토리

긍정의 플레너

05/28
좋은 친구가 있는 사람이 되라

'함께 있으면 마음이 편해지는 사람' 글에 나온 말이다.(이창훈 저)

첫째, 당신은 개인적으로 곤경에 처했을 때 당장 부르면 올 수 있는 친구가 최소한 한사람이라도 있는가? 둘째, 당신은 사전에 알리지 않고 불쑥 찾아갈 수 있는 친구가 있는가? 셋째, 당신은 함께 취미 생활을 할 수 있는 사람이 있는가? 넷째, 당신이 경제적인 어려움에 처했을 때 돈을 빌려줄 수 있는 친구가 있는가? 이 네 가지 질문에 대한 당신의 대답이 부정적이라면, 당신의 인간관계 역시 부정적인 관계라고 말할 수 있다. 인간관계는 어려울 때 보면 알 수 있다.

· 긍정의 한마디

부정 심리는 실패의 철학을 형성하고, 긍정의 심리는 성공의 철학을 형성한다. _그라시안

긍정의 스토리

긍정의 플래너

05/29
불행이 또 다른 기회가 될 수 있다.

목화를 재배해 큰 수입을 올리는 한 마을이 있다.

어느 날 부터인가 '베빌'이라는 벌레가 나타나 목화를 모두 먹어 치우기 시작하였다. 사람들은 깊은 절망과 실의에 빠졌다. 그들은 목화대신 해충의 해가 적은 땅콩을 심기로 했다. 다행히도 새로 시작한 땅콩 재배는 마을 사람들에게 목화를 키울 때보다 더 큰 이윤을 가져다주었다. 이에 감사하는 마음으로 마을 광장에 해충 베빌을 기념하는 동상을 세웠다. 불행! 그것은 다시 시작할 수 있게 하는 축복의 기회이다.

· 긍정의 한마디

기회는 새와 같은 것 날아가기 전에 꼭 잡아라. _쉴러

긍정의 스토리

긍정의 플래너

05/30
위기는 기회다

위기에는 두 종류가 있다. 정상적인 위기는 아기의 출생, 젖을 뗀 이유기, 성장기와 사춘기, 진학, 졸업과 결혼, 정년퇴직, 노년 등 누구에게나 닥치는 불안전한 인생의 단계마다 찾아온다. 우발적인 위기는 감원의 대상이 된다든지, 암에 걸렸다든지, 사업에 실패한다든지, 화재를 당한다든지, 천재지변에 의한 피해를 입는다든지 하는 갑자기 닥치는 위기들이다. 위기에 처한 사람들은 두 가지 반응을 나타낸다. 하나는 부정적이고 다른 하나는 긍정적이다. 전자는 삶을 파편화시킨다면 후자는 더 나은 삶을 창조한다. 위기를 관리하는 과정에서 인생은 성장한다.

· 긍정의 한마디

순간을 지배하는 사람이 인생을 지배한다. _에센바흐

긍정의 스토리

긍정의 플래너

05/31
행복은 어디에서 오는가?

"가까이 있는 사람부터, 가장 가까이 있는 사람들부터 행복하게 해주세요. 그러면 멀리 있던 사람들도 당신을 찾아올 것이다."

이 말은 파울로 코엘료의 말이다. 행복은 가장 가까운 곳에서 오는 것이다. 이뿐 아니라 행복은 가장 가까운 사람을 행복하게 하는 능력이 있다. 가장 가까운 사람부터 행복을 느끼게 하는 지혜가 필요하다.

· 긍정의 한마디

언어는 행복의 문을 여는 중요한 열쇠다. _사토 도미오

긍정의 스토리

긍정의 플래너

6월

June

자신을 쇄신하라

06/01
긍정적인 생각을 날마다 하라

'내 생각의 터닝 포인트'라는 글에 나온 글이다.
'사람은 그 생각을 어떻게 하느냐에 그 인생이 바뀐다.'
행복하다고 생각하면 행복이 찾아온다. 그러나 불행하다고 생각하면 불행해 진다.

날마다 내 스스로 행복하다고 말하면 큰 행복이 찾아오는 것이다. 내가 좋은 일만 생각하면 멋진 인생이 될 것이다.

· 긍정의 한마디

언어는 행복의 문을 여는 중요한 열쇠다. _사토 도미오

긍정의 스토리

··
··
··

긍정의 플래너

··
··
··

06/02
긍정적 생각이 감정을 새롭게 한다

사람은 생각에 따라 새로운 감정이 생긴다.

우울한 생각을 하면 우울한 감정이 생긴다.

감사의 생각을 품으면 감사할 일들이 계속 생긴다.

내 속에 어떤 생각을 갖느냐가 중요하다.

표정이 밝은 사람은 주위를 즐겁게 한다.

· 긍정의 한마디

할 수 있다고 생각하기 때문에 할 수 있는 것이다. _베르길리우스

긍정의 스토리

긍정의 플래너

06/03
그림을 보는 두 시각

초등학교 1학년인 한 아이가 소풍을 주제로 그림을 그렸다.

아이는 자기가 제일 좋아하는 색깔인 진한 남색으로 바탕을 채웠다. 선생님은 그림을 보고 "환한 대낮에 이렇게 어두운 색깔을 칠해 놓으면 어떻게 하니, 너무 형편없구나". 그 이후로 아이는 그림에 대한 자신감을 잃었다.

1년 후 미술시간에 새로운 선생님을 만났다. 선생님은 "이 아이는 그림을 보고 칭찬을 하였다" 그 아이는 선생님의 칭찬을 평생 잊지 못했다. 따뜻한 말 한마디로 희망과 용기를 주도록 노력하자.

· 긍정의 한마디

사람의 얼굴은 하나의 풍경이다. 한 권의 책이다. 용모는 결코 거짓말을 하지 않는다. _발자크

긍정의 스토리

긍정의 플래너

06/04
긍정의 힘은 나를 놀라게 한다

조엘 오스틴의 "긍정의 힘"이라는 책에 이런 이야기 나온다. 사람이 최고의 삶을 살기 위해서 가져야 할 잠재력 7가지를 말한다.

1. 비전을 키우라.
2. 건강한 자아상을 이루라.
3. 생각과 말의 힘을 발견하라.
4. 과거의 망령에서 벗어나라.
5. 역경을 통해 강점을 찾으라.
6. 베푸는 삶의 즐거움을 누리라.
7. 행복을 선택하라.

· 긍정의 한마디

세상 모든 일은 여러분이 무엇을 생각하느냐에 따라 일어난다. _오프라 윈프리

긍정의 스토리

긍정의 플래너

06/05
면접시험에 물은 것

회사 면접시험에서 사장이 종이 한 장을 들고, 수험생에게 묻는다. "여기에서 무엇이 보이는가?". "네 검은 점이 하나 있는 것이 보입니다", "그 점에 관하여 어떻게 생각하는가?", "그 흰 백지에 검은 점이 하나 있으니, 유난히 눈에 띄어 아쉽기만 합니다. "몇 사람에게 같은 질문을 했으나 모두 같은 대답이다. 그런데 한 수험생은 달랐다. "네 저는 흰 종이가 보입니다." 검은 점보다는 더 넓은 흰 종이가 유난히 보입니다. 사장은 수험생에게 우리 회사에 들어오면 단점보다 장점을 개발 할 수 있다고 생각하여 그를 합격 시켰다. 장점을 보는 사람이 되자.

· 긍정의 한마디

대학 졸업장은 한 인간이 완성품이라는 증명이 아니라 인생의 준비가 되었다는 표시이다.

_에드워드 말로이

긍정의 스토리

긍정의 플레너

6월 *JUNE* 자신을 쇄신 하라

06/06
편지의 마무리를 이렇게 쓰라

미국의 청교도들은 편지를 쓸 때 이렇게 쓴다

"승리 편에 서있는 ㅇㅇ에게."

victory side 혹은 승리하는 편에 서 있는 누구에게.

이 말을 처음 쓴 사람이 '올리버 크롬웰' 장군이다.

이 편지를 받은 참모들은 "우리의 장군이 전쟁에 승리할 것을 확신하는 구나"라고 느꼈다. 편지의 마루를 무엇으로 끝내느냐에 따라서 결정은 달라진다.

· 긍정의 한마디

우리가 할 수 있기 전에 배워야 하는 일들을 우리는 하면서 배운다. _아리스토텔레스

긍정의 스토리

....
....
....

긍정의 플래너

....
....
....

06/07
낙천주의자와 염세주의자

영국의 작가 버나드 쇼우는 유머와 재치를 가진 사람이다

어떤 사람이 "선생님! 어떤 사람이 낙천주의자이고, 어떤 사람이 염세주의자입니까?"라고 질문을 하였다. 버나드 쇼우는 말하기를 "자, 여기에 내가 한 컵의 물을 반만 먹고 놓아두었다고 합시다. 이때 반 정도 남은 물 컵을 바라보고 '아직도 반이나 남았는데' 라고 생각하는 사람은 낙천주의자이고, '반밖에 안 남았네' 라고 생각하는 사람은 염세주의자입니다." 낙천주의자와 염세주의자는 같은 물 컵을 바라보지만 생각하고, 표현하고, 대처하는 방법이 전혀 다르다

· 긍정의 한마디

낙천(樂天)은 사람을 성공으로 이끄는 신앙이다. _헬렌 켈러

긍정의 스토리

긍정의 플래너

6월 JUNE 자신을 쇄신 하라

06/08
말의 말 한대로 되게 한다.

마음에 있는 말은 입을 통해 나온다.

그 사람의 말을 통해서 내면의 인격을 가늠할 수 있다.

긍정의 말을 하다 보면 긍정이 마음의 그릇에 담긴다.

절망스러운 상황이지만 희망의 말을 하다 보면 소망의 꽃이 핀다. 불평하고 싶을 때 감사의 말을 하라.

· 긍정의 한마디

'할 수 있다'고 말하다 보면, 결국 실천하게 된다. _사이먼 쿠퍼

긍정의 스토리

긍정의 플래너

06/09
격려의 힘

존 스토트 박사가 한 사람에게 7년 동안 편지를 써서 보냈다.

이 편지를 받은 사람이 7년 동안 편지를 받고 감동을 해서 신앙을 갖게 되었다고 한다.

누구든지 지속적인 관심을 가지고 대하면 사람은 변화 될 수가 있다.

이 세상에 모든 일이 그냥 되어진 사람은 없다. 그 누군가의 격려와 칭찬을 통해서 사람은 변화되어서 위대해 지는 것이다.

우연히 좋은 사람이 된 것은 아니다.

그 누군가의 격려와 칭찬이 그 사람을 위대한 사람으로 만든 것이다.

오늘도 재능이 꽃을 피우기 위해서 격려가 필요하다.

- 긍정의 한마디

그대의 꿈이 한 번도 실현되지 않았다고 해서 가엾게 생각해서는 안 된다. 정말 가엾은 것은 한 번도 꿈을 꿔보지 않았던 사람들이다. _에센바흐

긍정의 스토리

긍정의 플래너

06/10
기대와 자세의 영향력

로젠탈 박사는 '학생들과 쥐'를 상대로 실험을 하였다.

세 그룹의 학생들에게 실험용 쥐를 몇 마리씩 나눠주면서 조사하게 했다. 쥐의 지능에 따라 상, 중, 하로 구분해 각 그룹에 나눠 준다고 했지만 사실은 같은 종류의 평범한 쥐들이다. 6주간 같은 조건 하에서 실험하고 결과를 알아보았다. 실험 결과는 각 그룹에 따라 판이했다. 뛰어난 지능의 쥐, 보통 쥐, 열등 쥐라는 분류는 사실이 아니었는데도 학생들의 자세와 기대에 쥐들은 성과를 다르게 낸 것이다. 어떤 기대와 자세를 갖느냐에 따라 자신의 능력의 다르게 만들어진다.

· 긍정의 한마디

사람은 행복하기로 마음먹은 만큼 행복하다. _에이브러험 링컨

긍정의 스토리
....
....
....

긍정의 플래너
....
....
....

06/11
나를 인정해주는 사람

폴 틸리히라는 학자가 있었다.

히틀러에 반대하다가 독일에서 추방되어 미국으로 건너가 교수가 되었다. 그의 영어 실력이 보잘 것 없어 독일식 발음으로 강의하는 탓에 학생들이 배꼽 잡고 웃었다. 이로 인해 그는 의기소침하여 마음의 병을 얻게 되었다. 어느 날 자기의 집 문에 꽂혀 있는 카드를 발견했다. "사랑하는 선생님! 우리 모두는 선생님을 사랑합니다. 존경합니다. 우리가 수업시간에 웃는 것은 선생님의 발음이 낯설어서 웃을 따름입니다. 선생님, 힘을 내십시오." 이같이 자신을 이해해 주는 누군가를 만날 때 우리는 용기를 얻게 된다.

· 긍정의 한마디

당신 앞에는 어떠한 장애물도 없다. 망설이는 태도가 가장 큰 장애물이다. 결심을 가지면 드디어 길이 열리고 현실은 새로운 국면으로 접어든다._러셀

긍정의 스토리

긍정의 플래너

6월 JUNE 자신을 쇄신 하라

06/12
이상한 부부싸움

자주 싸우는 부부가 있었다.

그들은 아주 사소한 것 가지고도 툭하면 싸워서 협정을 맺었다. 모든 말에 상대방에 대한 애정과 칭찬을 고백하는 표현을 하기로 한 것이다. 얼마 후 또 싸움을 하게 되었다. 남편이 먼저 시작했다. "사랑하는 여보, 도대체 집안 꼴이 이게 뭐요? 꼭 돼지우리 같네.", "멋진 여보, 나는 뭐 하루 종일 집에서 놀기만 하는 줄 알아요?", "까무러치게 예쁜 여보, 나도 오늘 많이 바빴다구요." 사랑의 말 한 마디가 서로에게 긍정을 준다.

- 긍정의 한마디

꿈을 놓치지 마라. 꿈이 없는 새는 아무리 튼튼한 날개가 있어도 날지 못하지만 꿈이 있는 새는 깃털 하나만 갖고도 하늘을 날 수 있다. _강수진

긍정의 스토리

가장 중요한 일과 기록(일정, 기념일)

06/13
나를 키우는 말

박제되어 있는, 큰 농어 아래 다음과 같은 글이 적혀 있다

"내가 입을 다물었다면, 난 여기에 있지 않을 것이다." 우리는 어떤 말이든지 긍정과 지혜로운 말을 해야 한다. 내가 아닌 누군가에게 "당신은 잘 할 수 있습니다", "○○씨는 훌륭합니다"라고 칭찬할 때, 자신도 유쾌해진다.

이해인 수녀의 '나를 키우는 말' 시에 이런 이야기가 나온다."행복하다고 말하는 동안은, 나도 정말 행복한 사람이 되어, 마음에 맑은 샘이 흐르고…… 좋은 말이 나를 키우는 걸, 나는 말하면서 다시 알지."

· 긍정의 한마디

생생하게 상상하라. 간절하게 소망하라. 진정으로 믿으라. 그리고 열정적으로 실천하라. 그리하면 무엇이든지 반드시 이루어질 것이다. _폴 J. 마이어

긍정의 스토리

긍정의 플래너

0614
불행은 변수를 가져 온다.

1950년대에 위스콘신 대학에 문학 지망생들이 모임을 만들었다. 그들은 정기적으로 모여 각자가 쓴 소설과 시를 서로 비평하였다. 이것이 그들에게 도움이 되는 듯 보였다. 한편 여학생들이 중심이 된 또 다른 모임이 있었다. 그 모임에서는 혹평은 일절 피하고 좋은 부분만 칭찬했다. 10년 후, 그 여학생들 중 대부분이 훌륭한 작가가 되었다. 그러나 그토록 유망하던 남학생들 중에서는 단 한명의 작가도 나오지 못했다. 사람은 보통 95%의 좋은 점과 5%의 좋지 않은 점을 갖고 있다. 100% 좋은 사람은 아무도 없다. 95%를 보고 사는 사람은 자신감 있게 산다.

· 긍정의 한마디

심리학에는 한 가지 법칙이 있다. 이루고 싶은 모습을 마음속에 그린 다음 충분한 시간 동안 그 그림이 사라지지 않게 간직하고 있으면, 반드시 그대로 실현된다. _윌리엄 제임스

긍정의 스토리

긍정의 플래너

0615
행복을 가져다주는 칭찬을 하라

아브라함 링컨의 주머니에는 3가지의 물건이 있었다.

그중에 하나가 링컨을 칭찬하는 신문이다. 거기에 이런 문구가 적혀 있었다.

"아브라함 링컨은 역대 대통령 중에서 가장 존경받을 만한 사람이다." 어려운 시기를 거쳐 대통령이 되어서 수많은 정적과 싸워야 하는 링컨에게 있어서 가장 필요한 것이 바로 칭찬이었다.

누구에게든 칭찬이 필요하다.

· 긍정의 한마디

남의 좋은 점을 발견할 줄 알아야 한다. 그리고 남을 칭찬할 줄도 알아야 한다. _괴테

긍정의 스토리

긍정의 플래너

06/16
어머니의 칭찬

잭 웰치는 어린 시절 말더듬이다.

어머니는 그에게 긍정을 심어 주었다

"네가 말 더듬는 이유는 생각의 속도가 너무 빨라, 입이 그 속도를 따라주지 못하기 때문이다. 걱정 말라, 잘하고 있단다. 너는 큰 인물이 될 거야". 따뜻한 어머니의 칭찬과 격려가 그를 세계의 경영신화를 만드는 기초가 되었다. 따뜻한 칭찬 한마디를 만들자.

그 칭찬이 가슴에 와서 닿도록 …

· 긍정의 한마디

단 한사람의 칭찬도 매우 중요하다. _새뮤얼 존슨

긍정의 스토리

긍정의 플래너

06/17
우리 모두는

우리 모두는 인생이라는 경기를 뛰는 선수다.

"돈을 많이 벌었다는 것이, 명예를 쌓았다는 것이, 공부를 많이 했다는 것이 인생에서의 승리를 의미하지 않는다. 아직 그대 안에 꽃피지 못한 가능이 남아 있다. 천천히 그대 안의 가능성을 펼쳐라" 존, 맥스웰의 말이다. 우리는 상대적 비교의식 때문에 자기를 보지 못하고 좌우를 살핀다. 만약 좌우 중에 누군가가 약간의 뜻을 이루면, 그만 내 경기를 못하고 상대의 경기에 휘말려 분별력을 상실하고 만다. 이제 옆을 바라보지 말고 내가 준비한 경기를 오늘도 스케줄에 맞게 뛰어야 한다. 그것이 내 인생을 사는 방법이다.

· 긍정의 한마디

항상 뒤를 돌아보다보면 앞에 놓인 것을 시야에서 놓친다. _저스틴 쉼즈

긍정의 스토리

긍정의 플래너

06/18
여론에 끌리는 사람이 되지 말라

영국의 수상을 지낸 처칠은 이런 말을 했다

지도자란 "백성으로 부터의 칭찬은 2년 후에 받도록 하라." 지금 당장 백성들에게 "이럴 까요? 저럴까요?" 물어가면서 하지 말라는 것이다. 자신의 인생길을 자꾸 주변 사람에게 물으면 여론에 끌리는 것이 된다. 여론은 냉정하다. 그러나 내가 성공하면 그 여론은 나의 한편이 되어준다. 여론에 끌리지 말고 여론을 내편으로 만드는 사람이 되어야 한다.

· 긍정의 한마디

불가능한 일을 해보는 것은 신나는 일이다. _ 월트 디즈니

긍정의 스토리

긍정의 플래너

06/19
서로 보는 것이 다르다.

태조 이성계와 무학 대사라는 사람이 있다. 이성계는 스스로 '아는 것이 없다고 하여 무학(無學)대사' 라 했다. 어느 날 이성계가 무학 대사를 놀려 주려고 "내가 보니 스님은 꼭 돼지같이 생기셨습니다."라고 하자, 무학 대사는 껄껄 웃으며 "제가 보기에는 왕께서는 부처님으로 보입니다." 이성계는 웃으며 "그렇습니까? 그런데 대사께서는 내가 돼지 같다고 하는데도 화가 나지 않습니까?", "화는요, 기쁘다 뿐이죠". "그것이 사실이란 말씀이오?" 무학 대사는 껄껄 웃으며 "돼지의 눈에는 모든 것이 돼지로만 보이고, 부처님의 눈에는 모든 것이 부처님으로 보이기 때문이죠." 서로 무엇을 보느냐에 따라서 세상은 달라진다.

・ 긍정의 한마디

칭찬을 받거든 "감사합니다"라고 그저 받아들여라. 성공하기 위해, 자신의 가치를 제일 먼저 깨달을 필요가 있다. _앤드류 매튜스

A긍정의 스토리

긍정의 플래너

06/20
다음 단계로 내딛는 용기를 가져라

사람은 시간의 경험을 가지고 산다.

어떤 사람에게는 모두 실패뿐이고, 어떤 사람에게는 모두 승리뿐이다. 위의 모두 경험이라 부르는 것들은 실패의 합계이다. 솔즈베리 경의 말을 기억하자."의사들 말만 믿으면 위생적인 게 없고, 신학자들 말만 믿으면 죄 아닌 게 없으며, 군인들 말만 믿으면 안전한 곳은 없다" 실패의 합계에서는 두려움을 버리고 성공의 합계에서는 자만심을 버려야 한다.

긍정의 한마디

시도해보지도 않고는 누구도 자신이 얼마만큼 해 낼 수 있는지 알지 못한다._푸블릴리우스 시루스

긍정의 스토리

긍정의 플래너

06/21
경력개발과 멘토링

한 교수가 학생들에게 '자신의 미래'라는 주제로 포토폴리오를 쓰게 했다. 학생들이 제출한 포토폴리오는 너무나 추상적이었다. 누군가가 잘되니까? 나도 준비하면 된다는 식이다. 얼마나 막연하고 대안이 없는 생각인가? 누군가 하였기에 나도 할 수 있다는 가능성을 가지고 한다면 실패한다. 그래서 무슨 일을 하던지 적성에 맞는 일인지 생각해야 한다. 자기개발을 위해서 생각을 바꾸는 힘이다.

· 긍정의 한마디

늘 행복한 사람은 천성과 노력을 통해 긍정적인 사고 전략을 개발했을 가능성이 높다.

_에드 디너

긍정의 스토리

긍정의 플레너

06/22
긍정의 힘을 믿으라

어려움을 만날 때에 자신의 한계를 뛰어넘어 방법(조엘 오스틴).

* 가장 좋은 일이 일어날 것이라고 믿으라.
* 돌파의 정신으로 난관을 극복하라.
* 더 많은 복을 받을 만한 그릇을 준비하라.
* 과감한 기도를 드리라.
* 자신의 상황을 초월하는 하나님의 계획을 따르라. 모든 사람은 창조주께서 심으신 위대함의 씨앗을 품고 있다. 삶이 아무리 우리를 짓누르더라도 장애물을 뚫고 가면 더 높이 날아오를 수 있다.

· 긍정의 한마디

NO를 거꾸로 쓰면 전진을 의미하는 ON이 된다. 모든 문제에는 반드시 문제를 푸는 열쇠가 있다. 끊임없이 생각하고 찾아내라. _노먼 빈센트 필

긍정의 스토리

긍정의 플래너

06/23
용기의 힘

마케도니아의 필리포스 대왕에게 명마가 선물로 들어왔다.

그러나 그 말은 길들여지지 않은 말처럼 매우 거칠게 뒷발질을 하였다. 여러 무관들이 애를 써봤으나 결국 말을 다루는 데 실패하였다. 아무도 그 말에 오르려 하는 자가 없다는 것을 본 왕자는 "아버지 제가 한 번 타 보겠습니다"라며 말에게 다가갔다. 그는 말고삐를 잡아 서쪽을 향하던 말을 동쪽으로 돌려 그림자가 뒤로 가게 했다. 말은 어느 새 명마다운 자태를 갖췄다. 우리 주위에는 지혜롭고 착한 성품을 가지고 있으면서도 큰일을 해내지 못하는 사람이 많다. 정확한 사리 판단을 행동으로 옮기지 않기 때문이다.

· 긍정의 한마디

용기가 있는 곳에 희망이 있다. _타키투스

긍정의 스토리

긍정의 플래너

06/24
미움 받을 용기란 무엇인가?

기시미 이치로의 '미움 받을 용기' 라는 책이 있다

심리학의 거장 프로이드나 융과 알프레드 아들러의 사상을 청년의 질문에 답하는 철학자의 대화의 책이다. 여기서 아들러는 목표를 행복에 두었다. 그것도 바로 지금의 행복을 추구하려면 미움 받을 용기를 내라고 주문한다. 미움을 받을 용기는 타인의 눈을 의식하여 자신의 모습을 잃어버리고 사는 사람들에게 정직하고 정의롭게 살라는 것이다. 자기 발전을 위한 용기가 필요하다. 자신이 행복 할 수 있는 용기를 개발하라.

· 긍정의 한마디

용기는, 정복자의 마음까지도 움직이게 한다. _베르길리우스_

긍정의 스토리

....
....
....

긍정의 플래너

....
....
....

06/25
사운드 오브 뮤직의 한 소절

나는 사운드 오브 뮤직의 촬영 장소를 가본일이 있다. 영화의 촬영 장소는 실제 배경이 히틀러의 별장이 있는 곳에서 찍은 부분이 있었다. 가파른 산을 보면서 그들이 부른 노래를 한번 불러보라.

산을 보면 올라가라(Climb every mountain)
시내가 있으면 건너가라(ford every stream)
무지개를 보면 좇으라(follow every rainbow)
네 꿈을 찾을 때까지(til you find your dream)

영화 촬영 장소를 보고 노래를 들으면 그 노래가 현장감으로 다가온다. 그 이유는 영화의 스토리를 알기 때문이다. 기다리는 사람에게 꿈은 실현되지 않는다. 험한 산에 도전하는 사람에게 꿈의 성취를 가져다준다.

- 긍정의 한마디

인간의 위대함은 자기 자신과 환경을 초월하여 꿈을 이뤄내는 능력에 있다. _툴리 C. 놀즈

긍정의 스토리
....
....
....

긍정의 플래너
....
....
....

06/26
창조적 고통(1)

'창조적 고통'이라고 하는 책이 있다(폴 투르니에).

그는 정신과 의사로서 환자들과 한평생을 지낸 사람이다. 그가 의사로서 깨달은 것은 사람들이 가지는 자기 상실감이 고통을 준다는 것이다. 사람들이 바쁘게 살다가보니까 자기를 잃어버렸다는 것이다. 돈을 잃어버린 것도 아니고, 명예를 잃어버린 게 아니고, 건강을 잃은 게 아니라 자기를 잃어버렸다. 그래서 자기 상실감에서 허덕이고 있다. 왜 자기를 잃어버렸지 모른다. 지금 나는 무엇을 잃어버렸는가? 그것을 찾아라.

· 긍정의 한마디

낙관론자는 꿈이 이뤄질 것이라고 믿고, 비관론자는 악몽이 이뤄질 것이라고 믿는다.

_아르키메데스

긍정의 스토리

긍정의 플래너

06/27
창조적 고통(2)

"위대한 용기는 가장 위급한 시련기에 생기는 것이다"(폴 투르니에)

필요한 용기는 오직 시련 그 자체와 함께 생기는 것이란다. 그렇다면 진정한 용기는 고난 중에, 어려운 핍박 중에, 절망의 위기 가운데 생기는 것이다. 나에게 가장 큰 용기 있는 시간들은 언제인가? 자기 시련의 때가 가장 용기 있는 시간이라는 것을 기억하자. 용기를 가지고 앞으로 가자.

· 긍정의 한마디

당신 스스로 하지 않으면 아무도 당신의 운명을 개선해 주지 않을 것이다. _브레히트

긍정의 스토리

긍정의 플래너

06/28
무슨 일이든지 성공하려고 하면

무슨 일에든지 성공하려면 3가지가 있어야 한다.

첫째는, 자신감(confidence)이다.

둘째는, 집중력(concentration)이다.

셋째는, 용기(courage)가 있어야 한다.

이 세 가지가 결핍될 때 아무리 좋은 아이디어가 있어도 소용이 없다. 용기가 없는 지식, 덕, 지혜는 소용이 없으며, 용기가 있을 때 창조, 발전, 성취를 이루어 갈 수 있다. 무슨 일에서든지 성공하려면 지지 받는 용기를 가지고 나가야 한다.

· 긍정의 한마디

모든 위대한 사업에도 최초에는 불가능한 일이라고 했던 것들입니다. _카알라일

긍정의 스토리

긍정의 플래너

06/29
명사의 기도에서 배워라

라인홀트 니버는 이런 기도를 하였다.

"하나님이여, 고칠 수 있는 것에 대해서는 그것을 고칠 수 있는 용기를 주시고, 고칠 수 없는 것에 대해서는 그것을 받아들일 수 있는 냉정함을 주십시오. 그리하여 고칠 수 있는 것과 고칠 수 없는 것을 식별하는 지혜를 주십시오" 그러면서 그는 세 가지를 구한다. 용기, 냉정, 지혜(Courage, Sincerity, Wisdom). 이것은 자신을 바꾸기 위한 세 가지 덕목이다.

· 긍정의 한마디

많은 사람이 재능의 부족 보다 결심의 부족으로 실패한다. _빌리센데이

긍정의 스토리

긍정의 플래너

06/30
I Message와 You Message

'I Message와 You Message'가 있다.

"나는 당신이 이렇게 했으면 좋겠다"는 것이 I Message이다.

"당신은 이렇게 하였으면 좋겠다"는 것이 You Message이다.

I Message는 개인의 감정을 통해서 피드백을 주면 행동의 변화가 일어난다. 예를 들면 감정의 원인에 대해 설명 할 때, 행동의 변화, 제안, 요구, 주장이 "나"의 메시지이다. 이러한 I Message가 자신에게 변화를 가져다준다. 우리는 타인과의 소통보다 먼저 필요한 것이 자기 소통이다. 자기 소통을 통해서 자기 자신의 문제를 풀면 행복해 진다.

긍정의 한마디

진정한 대화의 기술은 적절한 곳에서 적절한 것을 말하는 것이다. 그러나 더 어려운 것은 말하고 싶은 유혹을 느낄 때 적절치 않은 말을 하지 않고 남겨두는 것이다. _도로시 네빌

긍정의 스토리

긍정의 플래너

7월

July

날마다 아름답게 살기

07/01
모든 것을 사랑으로

'별세의 삶' (이중표)에서 나온 한마디이다.

'모든 것을 사랑으로 해야 한다'

일도 사랑으로 하면 능률이 오르고, 꽃도 사랑으로 기르면 잘 자란다. 봉사도 사랑으로 하면 힘이 안 든다. 모든 것이 다 사랑인 것이다. 우리의 사는 날은 그리 길지만은 않다. 땀으로 써내려간 내 도전의 가치는 사랑이어야 한다. 사랑으로 하는 사람은 모두다 이 땅에 흔적으로 남아 있다. 사랑이 남은 이유는 세상이 사랑을 원하기 때문이다. 사랑을 담은 그릇이 되기 위해서 이렇게 묻자.

"나 지금 이렇게 살아도 되는 것입니까?"

· 긍정의 한마디

낙천주의자는 꿈의 현실화를 믿고 비관주의자는 악몽의 현실화를 믿는다. _로렌스 피터

긍정의 스토리

긍정의 플래너

07/02
넘지 못할 산은 없다.

한 여학생이 찾아왔다.

자신의 진로가 정확하지 않아 무엇을 해야 할지 모르겠다는 것이다. 상담을 하면서 느낀 것은 두려움이다. 두려워서 자기 앞에 큰 꿈을 포기하고 있는 것이다. 보이는 부분 보다 보이지 않는 것이 우리가 사는 세상이다. 그런데 보이는 부분 때문에 장애물을 만나면 두려워하고, 움츠리고 머뭇거린다. 그러면 어떻게 장애물을 넘을 수 있겠는가?

확실한 신념이 있으면 넘지 못할 산은 없다.

· 긍정의 한마디

고난이나 난관이나 부정적인 면보다도 긍정적인 면을 먼저 생각하고 고려하자. 그리하여 희망하는 일들을 하나하나 성취해 나가자. _N. V. 필

긍정의 스토리

긍정의 플래너

07/03
내 곁에 좋은 친구 한 사람 있다면

'좋은 생각'에 이런 글이 실렸다.

내 손에 펜이 한 자루 있다면 그것은 희망입니다. 그 펜으로 글을 쓸 수 있고 그림을 그릴 수 있고 편지도 쓸 수 있으니까요. 내 입에 따뜻한 말 한 마디 담겨 있다면 그것은 희망입니다. 그 말로 남을 위로할 수 있고 격려할 수 있고 기쁘게 할 수 있으니까요. 내 발에 신발 한 켤레가 있다면 그것은 희망입니다. 그 발로 집으로 갈 수 있고 일터로 갈 수 있고 여행도 떠날 수 있으니까요 …… 내 곁에 좋은 친구 한 사람 있다면 그것은 희망입니다. 그 친구에게 내 마음을 털어 놓을 수 있고 지칠 때는 기댈 수 있고 따뜻한 위로도 받을 수 있으니까요. 내 곁에 좋은 친구 한 사람 두고 싶지 않습니까?

· 긍정의 한마디

창의성이란… 아직 존재하지 않는 것을 보는 것이다. 그것을 존재하도록 하는 방법을 찾아내고 그렇게 신의 친구가 되는 것이다. _미셸 쉬어

긍정의 스토리
....
....
....

긍정의 플래너
....
....
....

07/04
희망이 힘이다.

독일의 위르겐 몰트만 교수가 있다. 이 사람은 '희망의 신학자'로 불리는 사람이다. 이 사람은 제2차 전쟁에 출전한 사람으로서 희망을 이야기하였다. 그가 희망을 가지게 된 동기는 간단하다. 몰트만이 전쟁에 출전 했을 때 자기의 고향 함브르크는 전쟁의 포화로 집도 부모도, 형제도 무너지고 죽었다. 그는 전쟁 중에서 가진 유일한 꿈인 희망이 있다면 살수가 있다. 아무리 절망적이라고 할지라도 희망을 버리지 않는다면 희망이 있다는 것이다. 그러면서 그는 말한다. 희망이 마침표가 아니라 희망은 바로 시작을 가능케 하는 힘이다.

· 긍정의 한마디

오히려 썰물 때는 닻을 내리고 태연히 쉬다가 밀물 때 힘껏 전진하는 사람이 보다 빨리 '희망의 항구'에 닿을 수 있다. _찰스 콜튼

긍정의 스토리
....
....
....

긍정의 플래너
....
....
....

07/05
주지사의 꿈을 가지다

"내가 뉴욕 주지사가 될 거라고?" 아무도 그렇게 생각한 사람은 없었습니다.

나는 뉴욕 부르클린 빈민가에서 태어난 흑인 소년이다.

어느 날 학교에 새로 부임한 폴은 선생님은 나의 손금을 보면서 '너는 뉴욕 주지사가 될 거야'는 칭찬을 하였다. 무단 결석, 폭력, 문제아로 낙인찍힌 한 흑인소년에게 이런 칭찬은 과했다. 그런데 이 칭찬을 받는 순간 그는 문제아에서 주지사로 꿈을 바꿔 나갔다. 이 흑인소년이 바로 51세에 뉴욕 주의 53대 주지사 로저 롤스이다. 이렇게 사랑을 말하면 사랑은 꿈은 이루어진다.

· 긍정의 한마디

꿈을 좇는 자는 어느새 그 꿈과 닮아간다. _앙드레 말로

긍정의 스토리

긍정의 플래너

07/06
도전하는 자가 꿈을 이룬다

사람들은 한 번쯤 자기의 생각을 바꾸고 싶어 한다. 지금까지의 삶을 긍정하든지, 부정하든지 자기의 생각을 바꾸고 싶어 한다. 이것이 터닝 포인트이다. 목적은 새롭게 결심한 날부터 이루어진다. 마치 전반부에 성적이 좋지 않았어도 후반부에 좋아 질수도 있다. 이것이 대기만성이다. 인생의 변화는 마라톤의 반환점처럼 따로 존재하는 것이 아니다. 생각과 행동을 바꾸는 순간이 바로 그때부터 내 삶에 무한한 에너지가 나온다. 인생역전이 가능하다.

· 긍정의 한마디

일찍 책장을 덮지 말라. 삶의 다음 페이지에서 또 다른 멋진 나를 발견 할테니 _시스니 셸던

긍정의 스토리

....

....

....

긍정의 플래너

....

....

....

07/07
프로방스 이야기

한 여행자가 아주 황폐한 지역을 방문했다. 사방을 둘러봐도 나무와 물이 없는 절망의 땅이다. 그때 한 양치기의 모습이 보였다. 그 목동의 이름은 엘제아르부피에이다. 30마리의 양과 함께 그곳에서 살고 있었다. 목동은 입을 굳게 다문 채 무언가를 열심히 심고 있었다. 그것은 도토리였다. 그는 폐가에서 양을 돌보면서 하루에 100개씩 도토리를 심었다. 그로부터 5년이 지난 후 1차 세계대전이 발발했다. 한 여행자가 군인이 돼 우연히 황폐했던 땅을 다시 방문했다. 그런데 놀랍게도 그곳은 아름다운 숲으로 변해 있었다. 엘제아르부피에가 그동안 심어놓은 밤나무 갈참나무가 아름다운 숲을 이루었다. 이곳이 프랑스에서 가장 아름답고 살기 좋은 프로방스이다 희망의 씨앗을 뿌리는 사람에게 희망의 숲이 다가온다.

· 긍정의 한마디

희망과 용기를 주는 것은 금전을 주는 것보다 은혜이다. _라보프_

긍정의 스토리

긍정의 플래너

07/08
산은 아무리 높아도 정복된다

에베레스트 산의 산봉우리는 1852년에 발견된 후 101년이 지나서야 정복되었다.

등산가인 크라우 씨는 이렇게 말했다.

"산은 아무리 높아도 마음에 품고 계속 바라다보면 언젠가 올라가게 마련입니다. 인간의 희망도 그런 것이 아니겠습니까?"

내려다만 보는 사람은 결코 올라갈 수 없다.

도전하는 사람에게 산은 정복당한다.

· 긍정의 한마디

인간이 신을 닮은 이상, 인간의 본질도 창조적이다._베르자아에프

긍정의 스토리

....
....
....

긍정의 플래너

....
....
....

07/09
산에서 보라

미국의 철학자인 존 듀이가 90회 생일을 맞았다. 한 젊은 의사가 '어떻게 하면 당신처럼 위대한 생애를 살 수 있습니까' 라고 물었다.

듀이는 주저하지 않고 '산에 오르게' 라고 말했다.

'산에 올라 무엇을 합니까', '다시 오를 또 다른 산들을 보기 위해서…' 철학자는 청년의사의 무릎을 툭툭 치면서 '비전'의 소중함을 역설했다. 산에 오를 흥미가 없어졌다는 것은 곧 죽을 날이 가까이 왔다는 뜻일세. 비전이 없는 삶은 이미 죽은 것이나 다름없다는 것이다. 비전이 없으면 노인이 된 것이다.

· 긍정의 한마디

언제나 더 나은 방법은 있기 마련이다. _토머스 에디슨

긍정의 스토리

긍정의 플레너

07/10
비전이라는 말을 아는가?

국어사전에 비전(Vision)의 의미를 아는가?

그 뜻은 '내다보이는 장래의 상황. 이상. 전망으로의 순화' 라는 뜻이다.

영어 사전에는 '보이지 않는 것을 마음속에 그리는 상상력 선견 통찰력' 이다. 이 두 개의 사전적인 의미를 살펴보면 한마디로 이렇게 말 할 수가 있다. "비전은 실현 가능성이 없는 것을, 가능성 있는 것으로 만들어 내는 안목" 우리는 자기 안에서 가능하지 않은 것을 꿈으로 이루는 사람이 되어야 한다. 그것이 자신의 비전이다.

· 긍정의 한마디

사람들은 맹인으로 태어난 것 보다 더 불행한 것이 뭐냐고 나에게 물어온다. 그럴 때마다 나는 "시력은 있되 비전이 없는 것"이라고 답한다. _헬렌 켈러

긍정의 스토리

긍정의 플래너

07/11
새의 눈으로 보자

'벌레 눈으로 살지 말고 새의 눈으로 내다보자'(박재석)

그는 좁은 땅에서 태어나 일제 침략기와 6·25 전쟁을 몸소 겪으면서 온몸으로 '인재를 키워서 나라를 살리고, 미래를 준비해야 한다'고 깨우쳤다. 그는 국토는 좁아도 큰 인물을 키워내면 큰 나라가 될 수 있다는 생각을 가지고 교육 현장에 투신하여 바른 교육을 한 것이다. 곧 그것이 벌레의 좁은 눈이 아닌, '새의 눈으로 멀리 내다보는 것이라'. 날개를 펴고 벌레의 눈을 가지고, 주변을 보면서 새의 눈으로 독수리같이 날개를 펴고, 높이 날아 볼 수 있어야 한다.

- 긍정의 한마디

부의 격차보다 무서운 것은 꿈의 격차이다. 불가능해 보이는 목표라 할지라도 그것을 꿈꾸고 상상하는 순간 이미 거기에 다가가 있는 셈이다. _이지성

긍정의 스토리

긍정의 플래너

07/12
한 알의 밀

"소년들이여 야망을 품으십시오"(윌리엄 클라크)

미국 매사추세츠 농과대학교 학장으로 봉직하던 클라크는 1876년 7월 일본의 초청으로 홋카이도대학으로 갔다. 그는 10개월간 일본인들에게 개척 정신과 전인 교육의 필요성을 소개했다. 그 후 이 대학은 클라크의 가르침에 따라 고이치 이치가와, 우키치로 나카야 같은 과학자, 우치무라 간조, 시가 시게타카, 이토베 이나조 등 사상가와 문인 등 수많은 인재를 배출해 일본의 근대화를 이끌었다. 한 사람의 비전과 가르침이 근대 일본의 기초를 이룬 것이다.

• 긍정의 한마디

패기 있는 사람은 반드시 목표를 달성한다. 그 무엇도 그를 막을 수 없다. 그와 달리 패기가 없는 사람은 세상 어떤 것에서도 도움을 받지 못한다. _토머스 제퍼슨

긍정의 스토리

긍정의 플래너

07/13
희망의 힘

알베르토 슈바이쳐 박사가 시카고를 방문한 적이 있다.

그가 탄 기차가 역에 도착하였을 때에 시장과 정치인들이 마중을 나와 기다리고 있었다. 드디어 기차가 도착했고 슈바이쳐 박사가 내렸다. 저만큼 기다리고 서 있는 사람들을 향하여 손을 흔들어 보이며 그가 걸어 나왔다. 두 개의 무거운 가방을 들고서 특실을 타지 않고 일반실에서 내리는 모습을 본 것이다. 이 모습을 보고 '가장 위대한 사람은 남을 위해 희생하는 사람이다.' 있는 모습 그대로 자신을 드러낼 때 어떤 사람들에게는 희망이 된다.

· 긍정의 한마디

우리에게는 존재하지 않는 것들을 꿈꿀 수 있는 사람들이 필요하다. _존 F. 케네디

긍정의 스토리

긍정의 플래너

07/14
희망의 시간

종교개혁자 마틴 루터의 유명한 말이 있다

'코람 데오'(Coram Deo). 이 말은 '신 앞에서'라는 뜻이다.

그는 종교 개혁을 할 때 언제나 '신 앞에 서 있는 사람'이라는 것을 잊지 않았다. 우리는 이 세상을 살면서 사람 앞에서, 산다는 것을 잃어버리면 안 된다. 사람들 앞에서 산다고 생각하는 순간 희망으로 실수가 있다. 긍정으로 사는 시간이 희망의 시간이다.

· 긍정의 한마디

세상의 중요한 업적 중 대부분은, 희망이 보이지 않는 상황에서도 끊임없이 도전한 사람들이 이룬 것이다. _데일 카네기

긍정의 스토리

긍정의 플래너

07/15
세상은 준비된 자의 것이다.

성공이란 그냥 얻어지는 것이 아니다. 철저한 준비를 통해서 승리자가 탄생하게 된다. 마찬가지로 성공한 사람들의 뒤에는 치밀한 준비가 있었다. 성서에 나오는 모세라는 사람이 나오다. 그는 40년간의 애굽 왕자로서의 지도자 수업과 40년 동안 미디안 광야에서의 목동생활을 통해 출애굽의 준비과정을 쌓았던 인물이다. 이러한 준비로 인하여 이스라엘의 백성은 모세를 중심으로 가나안 땅에 들어가게 된 것이다. 하나님은 준비된 자를 사용하신다. 우리가 미래를 꿈꾸고 있다면 철저히 준비해야 한다. 미래는 준비하는 사람의 몫이다.

· 긍정의 한마디

웃음이 적은 곳에는 매우적은 성공밖에는 있을 수가 없다. _앤드류 카네기

긍정의 스토리

긍정의 플래너

07/16
격려를 받으면 새로워진다.

존스 홉킨스 대학병원의 벤 카슨박사가 있다. 그의 별명은 '신의 손'이다. 그가 이런 별명을 얻은 데는 특별한 이유가 있다. 모든 의사들이 포기한 하루 120번씩 발작하는 4살짜리 악성 뇌 암 환자를 수술해서 완치시켰다. 그리고 1987년 세계에서 처음으로 머리와 몸이 붙은 샴쌍둥이를 분리하는데 성공했다. 이 두 수술의 성공으로 의학계에서 신의 손으로 불리게 되었다. 카슨은 디트로이트 빈민가에서 태어났다. 8세 때 부모님의 이혼으로 불행한 가정에서 자랐으며 소년기에는 흑인 불량배들과 어울려 싸움질을 일삼은 장래가 어두운 아이였다. 어머니 쇼냐 카슨은 늘 이렇게 가르쳤다. '벤 너는 마음만 먹으면 무엇이든 할 수 있어. 노력만 하면 할 수 있어' 라는 말을 끊임없이 들려주면서 격려해 주었다. 격려가 사람을 새롭게 한다.

· 긍정의 한마디

당신이 상상 할 수 있 모든 것은 현실이 된다. _블로 피카소

긍정의 스토리

긍정의 플래너

07/17
나도 얼마든지 성공할 수 있다

인디언 속담에 "당신이 생각하고 있는 말을 만 번 이상 반복하면 당신은 그런 사람이 된다"는 말이 있다. 최근 이 속담을 증명해 주는 연구결과가 발표됐다. 미국의 전문 '뇌학자'들의 연구에 의하면, '인간의 뇌세포 230억 개 중 98%가 말의 영향을 받는다'는 것이다. 어떤 말을 하느냐에 따라 운명이 결정된다는 것이다. 불가능한 것처럼 보이는 문제라도 마음을 먹고 도전한다면 가능하다는 것을 발견하게 될 것이다. 성공은 아무에게나 오지 않는다. 성공을 원한다면 성공을 말해야 한다.

희망을 말을 반복하자.

· 긍정의 한마디

나는 낙심하지 않는다. 모든 잘못된 시도는 전진을 위한 또 다른 발걸음이다. _토마스 에디슨

긍정의 스토리

긍정의 플래너

07/18
나는 나처럼 성공하자

어느 설교자가 꿈속에서 대화를 나누었다. "저에게 아브라함 같은 믿음을 주셔서 미국의 아브라함이 되게 하여 주옵소서!" 그때 하늘의 음성이 들렸다. "네가 미국의 아브라함이 되고 싶으냐? 너는 아들을 내게 바칠 수가 있느냐?", "아들을 바칠 수가 없습니다." "그러면 너는 아브라함처럼 될 수가 없다." 그는 절망하지 않고 계속 기도했다. 하나님은 모세, 엘리야를 들고 나왔다. 설교자는 화가 나서 하나님께 소리를 질렀다. 그러면 누구처럼 되라는 말입니까? 음성이 하늘에서 들려 왔다. "너는 너처럼 되거라" 우리는 성공한 사람을 따라 가야 한다. 그러나 성공은 나는 나처럼 해야 한다.

· 긍정의 한마디

만약 성공의 비결이란 것이 있다고 하면 그것은 타인의 관점을 잘 포착하여 자기 자신의 입장에서 사물을 볼 줄 아는 재능, 바로 그것이다. _헨리 포드

긍정의 스토리

긍정의 플래너

07/19
외모가 아니라 실력이다

영국의 스타 발굴 프로그램인 '브리튼스 갓 탤런트 프로'가 있다. 여기에서 '공주는 잠 못 이루고'를 불러서 가수가 된 사람이 폴 포츠이다. 폴 포츠는 성공과 거리가 먼 신체적인 조건을 가지고 있다. 배가 불룩 나온 전형적인 아저씨 외모, 허름하고 낡은 양복, 교통사고 때문에 고르지 못한 치열, 말투도 어눌하다. 그가 무대에 올라 '오페라를 부르겠다'고 말하자 심사위원들과 방청객은 비웃음 섞인 시선을 보냈다. 그러나 노래가 시작되자 객석은 숨을 죽였다. 방청객과 심사위원들은 모두 기립박수를 보냈다. 독설가로 유명한 심사위원 사이먼 코웰은 "당신은 우리가 찾아낸 보석"이라며 찬사를 아끼지 않았다. 외모가 아니라 실력으로 평가 받은 것이다. 그것이 나 자신이어야 한다.

- 긍정의 한마디

탁월함은 모든 차별을 압도한다. _오프라 윈프리

긍정의 스토리

긍정의 플래너

07/20
꿈 시장에 불경기는 없다

경기가 어렵다고 한다. 취업이 안 된다고 말한다.

이런 상황에도 꿈 시장은 불경기란 없다. 경제의 불경기 때, 사람들에게 더욱 필요한 것은 꿈이다. 호경기 때는 또 그 상승의 붐이 꿈을 부채질한다. 그러나 어려울 때 일수록 희망. 그 다이내믹한 역동성을 작동시켜야 한다. '희망 안에 내재된 힘' 이 힘을 이용하는 것이야말로 지금 우리에게 필요한 지혜다. 꿈을 꾸고 희망을 말하라. 그 희망이 나 자신을 이끌어 갈 것이다.

・ 긍정의 한마디

위대한 인물에게는 목표가 있고, 평범한 사람들에게는 소망이 있을 뿐이다. _워싱턴 어빙

긍정의 스토리

긍정의 플래너

07/21
한 번에 이뤄주시지 않는 이유

사람들은 모두 종교를 가지고 있다.

어떤 사람은 나는 종교가 '무(無)'라고 말한다. 무종교도 알고 보면 종교이다. 자신이 가진 종교적 배경이 없어도 다급하면 사람들은 자신의 어려움을 이기기 위해서 기도한다.

우리가 한번 기도할 때 하나님은 응답하시지 않는다. 그분은 우리가 최선의 것을 얻을 때까지 열심히 기도하도록 만드시고 훈련시키신다. 우리가 끝까지 기도 할 때 이루어지게 하신다. 더 빛난 보석이 되기 위해서…

• 긍정의 한마디

이 세상에 가장 중요한 것은 내가 어디에 잇는가가 아니라, 어느 쪽을 향해 가고 있는 가를 파악하는 일이다. _ 올리버 웬델홈즈

긍정의 스토리
....
....
....

긍정의 플래너
....
....
....

07/22
사람의 가치는 얼마나 될까?

생물학자 돌프 빈더(Dolp M. Binder)는 사람의 몸값이 얼마나 되나 계산해 보았다.

사람의 몸에서 나오는 화학적인 요소는 17가지 정도이다. 새장 하나 청소 할 수 있는 석회석, 못 한개 만들 정도의 철분, 홍차 세 잔 달게 만들 수 있는 설탕, 세숫비누 5개정도의 지방, 성냥 다섯 갑 정도 만들 수 있는 인등이 나왔다. 돌프 빈더는 이 요소를 가지고 화공약품 가게로 가서 계산하여 보았다. 약 3천원이다. 그는 이렇게 말한다. 아! 알았다 사람의 몸값은 3천원이다. 정말 사람의 몸값은 커피 한잔 값도 안 되는 것일까? 아니다. 사람의 몸값은 비전의 값이다.

긍정의 한마디

나는 실패한 적이 없다. 어떤 어려움을 만났을 때 거기서 멈추면 실패가 되지만 끝까지 밀고 나가 성공을 하면 실패가 아니기 때문이다. _마쓰시타 고노스케

긍정의 스토리

긍정의 플래너

07/23
모택동의 성공 비결

「모택동 비록」이라는 책이 있다.

그 책에서 모태동이 성공했는가? 그 이유는 모택동은 중국인을 변화시키려고 하지 않았기에 가능했다는 것이다. 한 나라의 민족성은 수천 년 내려온 것이다. 민족성을 60년도 안 되는 한 두세대가 변화시킬 수 없다는 것을 모택동은 안 것이다. 모택동은 사람의 가치나 사물을 볼 때 '좋은 것이다, 나쁜 것이다' 라고 규정하기보다는 있는 그대로 파악하고, 활용했던 것이 사람들에게 인정을 받은 것이다. 이것이 그의 지혜이다. 지혜는 있는 그대로 바라보고 동기 부여를 하라.

· 긍정의 한마디

만약 당신의 아들 딸에게 단 하나의 재능만을 줄 수 있다면 열정을 주어라. _브루스 바튼

긍정의 스토리

....
....
....

긍정의 플레너

....
....
....

07/24
겉과 속이 다르지 않게 하라

8세기의 한국, 중국, 일본의 불상의 외양은 거의 비슷하다.

그런데 불상의 뒷면을 쉽게 구별 할 수 있다. 뒷면까지 깨끗하게 마무리된 것은 일본의 불상이고, 뒷부분이 거친 상태로 남아 있는 것은 한국과 중국의 불상이다. 한국인의 얼렁뚱땅하는 기질은 천년 넘게 내려온 전통이다.

이처럼 민족성을 고치는 것은 쉬운 일이 아니다. 그러나 분명히 알아야 할 것이 있다. 겉과 속은 같아야 한다. 그래야 인정을 받는다. 남을 모방하는 것은 쉽게 할 수 있지만 그러나 겉과 속이 다르면 오래 가지 못한다.

긍정의 한마디

아무 것도 변하지 않을 지라도 내가 변하면 모든 것이 변한다. _오노레 발자크

긍정의 스토리

긍정의 플래너

07/25
흉물이 명품이 되었다.

파리하면 에펠탑이 떠오른다.

안테나를 포함해 높이가 320.755m고, 총 계단은 1652계단이다. 에펠탑은 건축가인 구스타브 에펠의 긍정적인 시각이 없었다면 완공되기 어려웠다. 지금은 전 세계인들의 사랑을 한 몸에 받고 있지만, 처음 착공되어질 때는 반대가 대단했다. 그때 에펠은 그들을 향해 "에펠탑이 있음으로 해서 프랑스는 300m 높이의 깃대에 국기를 휘날릴 수 있는 유일한 국가가 될 것이다."라고 말을 하였다. 지금은 에펠탑이 흉물이 아니라 파리의 명물이 되었다. 무엇을 보던지 긍정적인 시각으로 바라보면 애물단지가 아니라 보물단지가 된다.

· 긍정의 한마디

실수를 범했을 때 뒤돌아보지 말라. 과거를 바꿀 순 없지만 아직 네 손에 달려 있다 _휴화이트

긍정의 스토리

긍정의 플래너

07/26
무엇이 두려운가?

낯선 길을 가려면 무엇이 두려운가? 지도 없이 새로운 길을 가기란 쉽지 않다. 새로운 길을 가기란 물론 어렵고 두려운 일이다. 그러나 위험이야 말로 우리가 아티스트가 되기 위해 반드시 거쳐야 하는 과정이다(세스 고딘, '이카루스 이야기'). 이처럼 새로운 길은 처음부터 길이 아니었다. 처음에는 황무지였고, 다음은 가시밭길이고, 다음은 좁은 길이고, 다음은 도로가 되었다. 도로가 있는 길을 걸으면서 이 길을 만든 사람을 기억하라. 그 길속에 시련이 숨어 있다. 무슨 일을 하든지 두려워하지 말라. 처음은 쉽지 않지만 나중은 쉬운 것이다.

· 긍정의 한마디

수많은 꿈이 꺾인다. 현실의 벽이 아니라, 주변의 충고 때문에 _하상욱

긍정의 스토리

긍정의 플래너

07/27
재능이 부족해도 희망을 보라

바보 온달과 평강공주를 알고 있다.

사람들은 온달을 착한 바보로만 보았으나, 평강공주만은 그렇게 보지 않았다. 겉으로는 바보같이 보인 온달이었지만 그 내면에 숨겨진 남자다운 기상과 장군이 될 잠재력을 평강공주는 보았다. 우리 속에 있는 편견, 선입견, 고정관념을 벗어버리면 상대가 달라 보인다. 나쁜 사람이라고 생각하면 한 없이 나쁘게 보이고, 모자라게 보면 한 없이 부족해 보인다. 우리가 가지고 있는 선입견이나 편견의 비늘을 벗고 상대를 긍정적으로 바라볼 때 재능이 보이고 희망이 보인다. 사람을 외모로 보지 말고 내면의 희망을 볼 때 재능을 발견 할 수가 있다.

· 긍정의 한마디

한때는 불가능하다고 생각한 것이 결국에는 가능한 것이 된다. _오브라이언

긍정의 스토리

긍정의 플래너

07/28
법률가의 두 가지 수칙 침묵

"침묵할 때 더 많은 지식이 쌓인다"(프랭클린)

침묵은 멈춤이 아니라 발전하기 위한 전진의 한부분이 침묵이다. 사람들은 침묵하면 생각이 없는 줄 안다. 침묵하는 순간 그들은 모두 생각하고, 할 말을 준비하고 미래를 준비하는 것이다. 프랭클린은 말한다. 대화를 할 때 첫째, 답을 알지 못하는 질문을 던지지 마라. 둘째, 자리에 앉아 입을 다물어야 하는 순간을 알아라. 이것이 침묵이다. 침묵할 때 더 많은 생각을 할 수 있다.

· 긍정의 한마디

내 비장의 무기는 아직 손 안에 있다. 그것은 희망이다. _나폴레옹

긍정의 스토리

긍정의 플래너

07/29
도박이 아니라 투자해라

워런 버핏이라는 사람이 있다. 그가 한번은 어느 미국 기업인과 골프를 쳤다. 그 기업인이 내기를 제안했다. "이번 홀에서 당신이 2달러를 걸고 티샷을 해 홀인원을 하면 나는 1만 달러를 주겠소." 그는 "그런 도박은 안 한다"고 잘라 말했다. 부자이면서 2달러 가지고 뭘 그러느냐 는 기업인이 묻자 그의 대답 또한 명품이다. "2달러로 투기하는 사람은 1만 달러를 가져도 투기합니다. 요행을 바라는 것은 투기꾼이나 할 짓이지 투자자가 할 일은 아닙니다." 그는 저평가된 좋은 기업의 주식에 장기 투자하는 원칙만 고집했다. 이렇게 40여년이 지나 주식투자 하나로 440억 달러를 번 것이다. 도박이 아니라 투자하라.

- 긍정의 한마디

꿈을 기록하는 것이 나의 목표였던 적은 없다. 꿈을 실현하는 것이 남의 목표이다. _만 레이

긍정의 스토리

긍정의 플래너

07/30
자신을 긍정하는 사람은 많은 사람에게 영향력을 미친다.

영국인들로부터 존경 받는 윈스턴 처칠은 학습 지진아였다

세계적인 기업가 울 워드는 점원노릇을 하던 20초반에 가게 주인으로부터 '사업에 소질 없는 무능력자'라는 핀잔을 들었다. 이들에게는 한 가지 공통점이 있다. 자기 인생의 미래에 대해 건강한 열정과 인내를 갖고 있다. 건강한 열정과 인내는 자신의 미래에 대한 긍정에서 오는 것이다. 주위의 혹평을 자극 삼아 자신의 미래를 긍정하고 매진한 것이 성공의 비결이다. 자신을 긍정하는 사람은 어떤 난관에도 굴복하지 않는다.

· 긍정의 한마디
성공한 사람들은 어느 일에나 항상 실패의 가능성이 있다는 사실을 알고 있는 사람들이다. 그들은 실패를 두려워하지 않는 태도로 의연하다._ 디오도어 루빈

긍정의 스토리

긍정의 플래너

07/31
나는 긍정의 사람이다.

긍정적인 사람이 되기 위해서는 5가지 요소가 있다.

첫째, 긍정적인 생각(positive thoughts)을 해야 한다. 우리는 모든 일을 긍정적인 면부터 보아야 한다. 둘째, 긍정적인 말(positive words)을 해야 한다. 많은 사람들이 나쁜 사건부터 이야기 한다. 그러나 긍정적인 사람은 좋은 면부터 말해야 한다. 셋째, 긍정적인 소리(positive sounds)를 들어야 한다. 넷째, 긍정적인 모임(positive places)에 참여해야 한다. 우리가 잘못된 모임이나 장소에 가기 때문에 오염된다. 다섯째, 긍정적인 안목(positive sights)으로 보아야 한다. 안 좋은 곳일수록 안가야 한다.

· 긍정의 한마디

현실이 중요한 것이 아니라 당신이 그것을 어떻게 해석하고 무엇을 하느냐가 중요한 것이다. 웨인 다이어

긍정의 스토리

....
....
....

긍정의 플레너

....
....
....

7월 JULY 날마다 아름답게 살기

August

8월

긍정은 우리 편이다

08/01
자기 에너지를 가진 자가 승리한다.

마크 트웨인(Mark Twain)은 이런 말을 했다

"지금부터 이십 년 후에 당신이 했던 일보다 하지 않았던 일들에 대해 더 실망하게 될 것이다. 그러니 안전한 항구를 떠나 항해를 시작하라. 돛에 무역풍을 가득 받아가며 탐험하고 꿈꾸고 찾아내라". 오늘 긍정을 선택하지 않으면 20년이 지난 후에 못했던 일 때문에 후회 할 날이 올 것이다. 우리 모두는 꿈이 있는 사람이다.

He can do it, She can do it, Why not me?

"너도 할 수 있다. 그도 할 수가 있다. 왜 나라고 못하겠느냐?

· 긍정의 한마디
배우려고 하는 학생은 부끄러워해서는 안 된다. _ 히레르

긍정의 스토리

긍정의 플래너

08/02
부정의 요소를 몰아내자

일본의 혼다 켄은 자산 1억 엔 이상을 가지고 있는 부자 965명을 조사하였다. 그 결과 상속으로 부자가 된 사람은 전체 중 18%에 불과했다. 이 말은 백만장자 5명 중 1명만 제로 상태에서 돈을 모은 사람이다. 결국 부자는 태어나는 것이 아니라 만들어진다는 것을 입증한 것이다(부와 행복의 법칙 중에서). 그는 말한다. 내 안에 부정의 요소를 몰아내면 큰일을 할 수 있는 사람이라는 것을 기억하라. "나는 못해요. 아무것도 못해요. 잘하는 것이 없어요"

이런 부정을 몰아내자. 그리고 '나는 긍정의 사람이다' 라고 말하자.

• 긍정의 한마디

있는 것은 오직 목표뿐이다. 길은 없다. 우리가 길이라고 부르는 것은 망설임에 불과하다. _카프카

　긍정의 스토리

　긍정의 플래너

08/03
마음의 즐거움이 복이다.

앤드루 스텝토 박사는 사람이 긍정적인 사고를 할 때 우리 몸에서 어떤 현상이 일어나는 가를 연구하였다. 긍정적인 사고를 하는 사람은 신경내분비, 심장혈관, 염증 등 건강과의 관계가 좋아진다. 이뿐만 아니라, 평균수명이 부정적인 사람보다 9.5년 더 긴 것으로 나타났다. 한편 부정적인 사람은 우울증 등 부정적인 정신 상태로 인해서 동맥경화, 당뇨, 순환기장애 등의 확률을 훨씬 높이는 것으로 조사됐다. 이처럼 긍정적인 마음을 가지면 건강에도 유익하다. 긍정으로 마음에 즐거움을 찾기 바란다.

· 긍정의 한마디

시도해보지 않고는 누구도 자신이 얼마만큼 해 낼 수 있는지 알지 못 한다. _푸블리우스 시루스

긍정의 스토리

긍정의 플래너

08/04
변화는 이렇게 시작되는 것이다.

히틀러는 '나의 투쟁'에서 이런 말을 하였다.

내가 무슨 말을 처음하면 사람들은 모두 비웃는다.

두번째 말하면 사람들은 나를 미친놈 이라고 말한다.

세 번째 말하면 저 사람이 왜 저렇게 말하나 하고 듣는다.

네 번째 말하면 사람들은 설득 당한다.

다섯 번째 말하면 사람들은 모두 열광적으로 설득 당한다.

변화는 자기 자신에게 계속 할 수 있다는 긍정을 암시 할 때 가능성의 사람으로 만드는 것이다. 무엇이든지 할 수 있을 때까지 계속 암송하라. 자신의 목적이 이루어 질 것이다.

• 긍정의 한마디

우리에게는 우리의 미래를 꿰뚫어 볼 수 있는 레이더는 없다. 그러나 우리에게는 우리가 바라는 미래를 만들 수가 있다. _ 번나드 버루크

> 긍정의 스토리
> ....
> ....
> ....

> 긍정의 플래너
> ....
> ....
> ....

08/05
무슨 일을 하든지 희망을 보아라

하버드대 의과교수인 버나드 로운 박사는 이렇게 말했다. "의사의 직책은 생명을 긍정하는 것이다 가능하다고 소망적으로 출발 선언하는 것이 의술의 지상명령이다. 회의적인 상황에서도 환자가 희망적인 태도를 견지하면 뜻밖에 치유되는 예를 많이 본다. 비관은 생명의 질을 격하시키며 내일을 저해시키는 요소가 된다. 우리가 정말 평화스러운 내일을 원한다면 현재 보이는 절망적인 요소도 돌파해 나아가는 희망의 행진이 있어야 한다" 의사는 환자에게서 희망을 보아야 한다. 그래야 치료를 할 수 있고, 고칠 수가 있다. 누구든지 아무리 힘들어도 절망을 말하지 말아야 한다. 절망을 말하면 절망이 나를 지배하고, 희망을 말하면 꿈이 생긴다.

긍정의 한마디

행동력을 착실하게 향상시키려면 당신이 해야 할을 이 순간부터 주저 말고 시작하는 것이며, 전력을 다하여 부딪쳐 나가는 일이다. 이외에 성공의 비결이란 절대로 없다. _히라 잇페이

긍정의 스토리

긍정의 플래너

08/06
희망을 기대하라

젊은 시절 베토벤에게도 힘든 시간을 보낸 때가 있었다. (조정민, "사람이 선물이다")

난청이라는 불청객으로 음악가로서의 삶 전체를 뒤흔들렸을 때, 인근 수도원을 찾아가서 수사 한 명을 만났다. 그때 베토벤은 수사에게 앞으로 나갈 길을 보여 달라고 눈물로 애원했다. 그러자 수사는 방 안으로 들어가 나무상자 하나를 들고 나왔다. "여기서 유리 구슬 하나를 꺼내게." 베토벤이 꺼낸 구슬은 검은색이었다. 수사는 다시 구슬을 꺼내보라고 했다. 이번에도 역시 검은색 구슬이다. 그때 수사는 "이보게, 이 나무상자 안에는 10개의 구슬이 들어 있는데, 그 중 8개는 검은색이고 나머지 2개는 흰색이라네. 어떤 사람은 조금 빨리 흰색을 뽑음으로써 행복과 성공을 붙잡기도 하네. 아직 그대에게는 희망의 흰 구슬이 2개가 남아 있네." 어려워도 희망을 기대하라.

긍정의 한마디

성공하지 못 할 거라는 그릇된 믿음을 버리는 것이 성공을 향한 첫걸음이다. _앤드류 매튜스

긍정의 스토리

긍정의 플래너

08/07
생각한대로 이루어지는 힘

폴 마이어가 사원들에게 자기 소원을 쓰라고 했다.

어떤 사람은 "소원을 쓰면 누가 이루어 주느냐" 하면서 빈정대고 쓰지 않는 사람도 있었다. 그러나 어떤 사람은 폴 마이어가 말한 것처럼 자기 소원을 쓴 사람도 있었다. 폴 마이어는 자기의 소원을 쓴 사람들을 향해서 이렇게 말했다. "매일같이 읽어라. 그러면 마음의 소원이 이루어진다". 몇 년 후에 긍정적으로 소원을 쓴 사람은 그 마음의 소원대로 이루어져서 집을 장만한 사람, 학위를 취득한 사람, 자녀가 잘된 사람도 있었다. 그런데 부정적으로 쓴 사람은 아무것도 이루어지지 않았다.

소원은 자신이 생각한대로 이루어지는 힘이 있다.

· 긍정의 한마디

지식보다 중요한 것은 상상력이다. _알버트 아인슈타인

긍정의 스토리

긍정의 플래너

08/08
먼저 나를 믿는 훈련이 필요 한다

'열정과 기질'(하워드 가드너)에서 이런 말을 한다.

"성공한 사람들은 한결같은 공통점을 가지고 있다. 그것은 창조적 열정이다"

"프로이트, 아인슈타인, 피카소, 스트라빈스키, T S엘리엇, 마사 그레이엄, 간디..."

이들의 공통점은 창조적 열정이다. 창조적 열정을 가진 사람은 자신을 훈련함으로 성공 할 수 있는 것이다. 자신의 목표를 세우고 훈련하라. 목표가 자신을 이끌어 줄 것이다. 도박이 아니라 투자하라.

· 긍정의 한마디

계획이란 미래에 관한 현재의 결정이다. _ 드래커

긍정의 스토리

긍정의 플레너

08/09
아픔을 넘으면 희망이 보인다

영국의 C S 루이스라는 학자가 있다. 이 사람은 어린 나이에 어머니를 잃고 큰 충격에 빠졌다. 어린 루이스는 엄마를 생각하면서 두 가지를 결심하였다.

첫째 절대로 울지 않는다.

둘째, 절대로 엄마생각은 하지 않는다. 왜 울면 아프기 때문이다.

똑똑한 루이스는 어린 나이에 이미 아픔을 피하는 방법을 알고 있었다. 그 대신 그는 열심히 공부를 했다. 아픔에 집중하지 않고 공부에 집중하였다. 결국 옥스퍼드 대학교 교수가 될 수가 있었. 어려움이 있어도 아픔에 집중하지 말고 목표에 집중하라. 아픔을 넘으면 희망이 보인다.

긍정의 한마디

힘은 희망을 가진 사람에게 있고 용기는 속에 있는 의지에서 우러나오는 것이다. _펄벅

긍정의 스토리

긍정의 플래너

08/10
좋은 멘토를 만나면 희망이 생긴다

톰슨과 테디의 이야기이다(데일 갤러웨이).

테디는 언제나 왕따를 당하는 아이이다. 어느 날, 톰슨 선생님은 테디의 시험지를 채점하다가 조금 이상하다는 생각이 들어서 생활기록부를 찾아보았다. 지난 4학년의 평가 기록을 찾아 볼 수가 있었다. 1학년의 기록은 "착한 아이입니다. 미래가 보입니다" 3학년의 기록은 "학업 성취도가 떨어집니다". 4학년의 기록은 "미래가 없습니다. 아버지는 가출했고, 현재 이모님이 양육하고 있습니다" 여기까지 읽은 톰슨 선생님은 눈에서 눈물이 주르륵 흘러내렸다. 톰슨 선생님은 방과 후에 테디를 데려다가 도와주었다. 그는 선생님의 도움을 받고 어려움을 이기고 승리하는 사람이 된다. 좋은 멘토를 만나면 누구나 꿈이 생기고, 희망이 생긴다.

· 긍정의 한마디

한 걸음 한 걸음 나아가는 것, 어떤 일을 하든지 목표를 달성하는데 이보다 좋은 방법은 없다. 마이클 조던

긍정의 스토리

긍정의 플레너

08/11
하늘의 뜻을 따르라

코카콜라 설립자 캔들러는 한때 일자리를 잃고 방황하던 알코올 중독자이다. 어느 날 술에 취해 귀가하던 중 하늘로부터 벼락같은 소리가 들었다.

"자신을 죽이는 사람이 성공한다". 그 순간 그의 아내가 남편을 위해 하나님께 간절히 기도하고 있던 순간이다. 그때부터 캔들러는 술에 취해 살던 자신을 죽이고 새롭게 되기 위해 노력했다. 그 후 캔들러는 우연한 기회에 헐값으로 코카콜라 제조, 판매권을 매입하여 코카콜라가 세계적인 기업으로 성장하는 신화를 만들었다. 무슨 일을 하든지 하늘의 뜻을 따르라.

· 긍정의 한마디

행하지 못해서 찾아오는 후회가 행하고 난 뒤에 찾아오는 후회보다 더 크다. _격언

긍정의 스토리

긍정의 플래너

08/12
오뚝이 정신에서 배워라

오뚝이는 넘어져도 다시 일어선다. 오뚝이 밑에 무거운 추하나가 아래에 붙어 있어서 넘어져도 다시 일어나게 만드는 것이다. 오뚝이에게 무거운 추가 있듯이 우리에게도 다시 일어나서 회복 할 수 있는 자생력이 있다. 다시 일어나는 자생력, 회복의 자생력이다. 지금 낙심하고 힘들다고 포기하지 말라. 오뚝이 정신이 도전이고, 열정의 에너지이다. 오뚝이 정신에서 배워라.

다시 일어나지 못할 사람은 아무도 없다.

· 긍정의 한마디

재산보다는 희망을 욕심내자. 어떤 일이 있어도 희망을 포기하지 말자. _세르반데스

긍정의 스토리

긍정의 플래너

08/13
쓰레기통에 버려라

비틀즈의 'Let it be'라는 노래가 있다.

특히 후렴부분에 렛잇비 렛잇비는 마치 한국말의 내버려둬, 내버려 둬. 이와 비슷한 어감을 가진다. Let it be의 가사에 이런 내용이 나온다.

곤경에 처해 있을 때에 메리가 말했지. 그냥 내버려둬

어두움을 헤매고 있을 때에도 말했지. 그냥 내버려둬

자신의 안 된다는 생각, 다시 못 일어난다는 생각. 과감히 쓰레기통에 버려라. 부정적인 생각을 쓰레기통에 버리고 새로운 창조를 찾으면 거기서 희망이 보인다. .

• 긍정의 한마디

생각하는 것이 인생의 소금이라면 희망과 꿈은 인생의 사탕이다. 꿈이 없다면 인생은 쓰다.

_바론 리톤

긍정의 스토리
....
....
....

긍정의 플래너
....
....
....

08/14
성공하는 사람의 외침

성공은 성공할 수 있다고 외치는 사람에게만 찾아온다.

지금 당장 큰소리로 세 번 만 외쳐보라.

"마음만 먹으면 나도 얼마든지 성공할 수 있다."

"마음만 먹으면 나도 얼마든지 성공할 수 있다."

"마음만 먹으면 나도 얼마든지 성공할 수 있다."

계속 이렇게 희망의 말을 반복하면 자신의 뇌가 인지하고 마음이 무엇인가 할 수 있는 동기를 부여한다. 그래서 매일 희망의 말을 하는 동안, 희망이 생기고, 목표가 생기고 꿈이 생긴다.

· 긍정의 한마디

처음부터 잘되는 일은 아무것 없다. 실패, 실패, 실패, 반복되는 실패는 성공으로 가는 길의 이정표이다. 당신이 실패하지 않을 수가 있는 유일한 길은 당신이 아무런 시도도 하지 않는 것이다. 사람들은 실패하면서 성공을 향해 나간다. _찰스 키틀링

긍정의 스토리

··
··
··

긍정의 플래너

··
··
··

08/15
우리는 미미한 존재가 아니다

종교개혁자 마틴 루터도 대학에서 법학을 공부한 법학도이다.

어느 날 친구와 길을 가다가 벼락에 맞아 친구가 그 자리에서 죽었다. 이때 친구의 죽음을 보고 살고 싶다는 생각을 하였다.

그때부터 루터는 하늘의 뜻을 존중하면서 살았다. 이것이 그의 삶을 새롭게 인도하는 동기였다고 한다. 무엇을 하든지 자연의 이치를 보면서 하늘의 뜻을 발견하고 살자. 하늘의 뜻을 아는 순간 자신의 삶은 위대해질 수 있다. 우리는 하찮은 존재가 아니라는 것을 알게 될 것이다.

- 긍정의 한마디

성공하지 못 할 거라는 그릇된 믿음을 버리는 것이 성공을 향한 첫걸음이다. _앤드류 매튜스

긍정의 스토리

....
....
....

긍정의 플래너

....
....
....

08/16
반대자를 끌어안고 소통하라

버락 오바마는 민주당 대통령 후보였을 때에 수많은 장애물을 만났다. 오바마는 장애물 때문에 대통령 후보가 되리라고는 생각할 수도 없는 상황이었다. 정적들의 반대에도 불구하고 민주당 대통령 후보로 확정되었으나 국민들의 마음을 얻기까지 이라크 전쟁 문제로 찬반이 나눠져 있었다. 이때 민주당 예비 선거에서 오바마는 이렇게 연설했다. "우리 민주당에는 두 그룹의 애국자가 있습니다. 하나는 이라크 전을 반대하는 애국자이고, 다른 하나는 이라크 전을 찬성하는 애국자입니다." 그는 그때부터 자신의 생각과 다른 사람들도 끌어안았다. 적을 만든 것이 아니라 동지를 만든 것이다. 그는 소외되고, 자신을 반대하는 사람들을 끌어안고 소통하였다

· 긍정의 한마디

성공은 성공지향적인 사람에게만 온다. 실패는 스스로 실패 할 수밖에 없다고 체념해 버리는 사람에게 온다. _ 나폴레온 힐

긍정의 스토리

긍정의 플래너

08/17
자신의 행복을 선택하라

행복은 자신에게 맡겨진 일에 최선을 다하는 자에게 주시는 하늘의 선물이다. 우리는 선물이 귀하기 때문에 최선을 다하는 것이 아니라 맡겨진 일이 귀하기 때문에 최선을 다 해야 하는 것이다. 결국 이것은 우선순위의 문제이다. 사람이 돈을 따라가면 돈과 명예가 붙지 않는다. 그러나 목적을 따라가면 명예와 재물도 함께하는 것이다. 그대 누구와 함께 갈 것인가?

그대 무엇과 함께 갈 것인가?

그대 순간을 선택하지 말고 영원을 선택하라.

그때 행복의 가치를 발견 할 수가 있다.

· 긍정의 한마디

아무 하는 일 없이 시간을 허비하지 않겠다고 맹세하라. 우리가 항상 뭔가를 한다면 놀라우리만치 많은 일을 해 낼 수 있다. _토마스 제퍼슨

> 긍정의 스토리

> 긍정의 플래너

8월 AUGUST 긍정은 우리 편이다.

08/18
자기의 낡은 사고를 벗어라

'우울증 벗어나기' (안세름 그린)은 이런 말을 했다

공포에 사로잡히지 말아라. 냉정을 유지하라. 작은 조치를 실행하라. 기도하라. 조언을 구하라. 기회를 발견하라. 그러면 그대의 능력이 나타날 것이다. 힘들고 어려울 때 자기세계에서 벗어나서 사명을 찾을 때 희망은 우리를 새롭게 한다. 날마다 낡아 빠진 생각에서 벗어나서 더 높이 생각하고 꿈을 꾸면 새로운 세계가 보인다.

자신과의 소통을 통해서 꿈을 이루어라.

• 긍정의 한마디

성공의 실패 가능성과 패배의 위험을 무릅쓰고 얻어야 한다. 위험 없이는 성취의 보람도 없다.

_레어 크록

긍정의 스토리

긍정의 플레너

08/19
문 워킹을 벗어나라

인간관계는 소통이 중요하다.

소통하는 사람만이 행복 할 수가 있다. 행복한 사람만이 자신의 길을 행복으로 갈수가 있다. 자기 자신이 희망을 가지고 앞으로 나가자. 만약 앞으로 나가지 못하면 문 워킹(moon walking)이 되기 쉽다. 문 워킹은 걷고 있는데 항상 제자리이다. 문 워킹처럼 제자리에 있지 말고 자기 자신을 박차고 앞으로 나갈 때 새로운 가치가 보인다.

자신의 발전을 위해서 앞으로 전진하라.

· 긍정의 한마디

성공하기를 원하는가? 그렇다면 이미 개척해 놓은 성고의 길이 아니라. 그 누구도 가지 않는 새로운 길을 개척해야만 한다. ㅡ로드파머스턴

긍정의 스토리

긍정의 플레너

08/20
언어를 바꾸면 자화상이 달라진다.

사람이 말을 바꾸면 인생이 달라진다

사람이 갑자기 말을 바꾸기는 쉽지 않다. 말은 인격과 교육에서 나온다. 말은 인품과 경험에서 나온다. 말은 생각이지만 지식, 인지, 환경, 심리에서 나오기에 바꾸기가 쉽지 않다. 그러면 어떻게 해야 좋은 말이 나올까? 인격이 변해야 말이 바꾸어지고, 삶이 바꾸어지고 인상이 바뀌어 진다. 좋은 언어를 사용 할 때 자신이 달라질 것이다.

· 긍정의 한마디

자신을 믿어라. 자시의 능력을 신뢰하라. 겸손하지만 합리적인 자신감 없이는 성공 할 수도 행복 할 수도 없다. _노먼 빈센트 필

긍정의 스토리

긍정의 플래너

08/21
말에는 열매가 있다.

모든 말에는 열매가 있다.

가난한 사람은 가난한 말을 하고, 부자는 부자의 말을 한다.

이스라엘 속담에 '말이 입 안에 있을 때는 내가 말을 지배하지만, 말이 입 밖에 나오면 말이 나를 지배한다' 라는 말이다. 말이 입 안에 있을 때는 어떤 말이든 상관이 없지만, 입 밖으로 나오면 그 말로 인해 구설수로 망신을 당하고 고통을 당하게 되는 것이다.

"난 못해요.", "난 할 수 없어요" 라는 말을 하게 되면 실제로 못하고, 할 수도 없고, 도저히 할 수 없는 사람이 되어버린다. 말이 자신을 지배하기 때문이다. 성공을 원한다면 말을 지배하자.

· 긍정의 한마디

성공에 대해서 서두르지 않고, 교만하지 않고, 쉬지 않고 포기하지 않는다. _로버트 슐러

긍정의 스토리

....
....
....

긍정의 플래너

....
....
....

08/22
부정적인 말을 지워라

어느 점쟁이가 말했다.

'너는 시집가서 잘 살기는 틀렸다'. 그 처녀는 좋은 일이 일어나도 어젠가는 나는 틀려질 거야라고 비관했다. 만약 잘 안되면 점쟁이 말이 맞아! '난 틀렸어' 라고 말했다. 이처럼 부정적인 말은 자신의 생각을 지배하고 한번 마음속에 들어가면 평생 남게 된다. 부정적인 말에 지배되지 않도록 마음을 깨끗이 닦자. 나는 다른 사람과 달라. 'I Can do it'. 할 수 있다는 생각을 가지고 마음의 행동을 하라. 얼마든지 성공할 수 있다

· 긍정의 한마디

성공이란 열정을 잃지 않고 실패를 거듭 할 수 있는 능력이다. _윈스턴 처칠

긍정의 스토리

....
....
....

긍정의 플래너

....
....
....

08/23
말에는 각인력이 있다.

영국의 한 신사가 카네기에게 이렇게 물었다고 한다.

'당신은 어떻게 세계적인 부자가 되었습니까?', '부자가 되려면 어떻게 해야 합니까?'

카네기는 이렇게 대답했다고 한다.

'반드시 가난한 집에서 태어나야 합니다. 그리고 가난을 잊지 말아야 합니다.' 이 말은 가난해야 무엇인가 하기 위해서 최선의 노력을 하기 때문이라는 것이다.

영국 신사는 카네기의 말을 머릿속에 각인했다고 한다. 우리는 무엇을 하든지 말이 각인 될 때 그 목표를 만들 수가 있다.

· 긍정의 한마디

평범한 일을 평범하지 않게 해내는 것이 바로 성공의 열쇠다. _ 헨리 하인즈

긍정의 스토리

....
....
....

긍정의 플래너

....
....
....

8월 AUGUST 긍정은 우리 편이다.

08/24
가지고 있는 것을 생각하라

어떤 사람이 인생은 끝났다고 생각하여 마지막으로 친구의 집에 들렀다. 친구는 물었다. '왜 죽으려 하는가?', '나는 이제 아무 것도 없으니 살아갈 희망을 잃었네'. 그때 친구가 백지 한 장을 내놓으면서 "자네 곁에 지금 남아 있는 것을 써 보라"고 하였다. 자신을 곰곰이 생각해보더니 종이에 열 가지 이상을 적어 넣었다. "여보게, 자네에게는 아직도 이렇게 많은 것이 있지 않은가? 친구인 나도 자네 곁에 있지 않은가. 그러니 인생을 새롭게 시작해보게." 파산한 사람은 친구의 격려에 힘입어 마음을 고치고 새롭게 사업을 시작하여 성공적인 인생을 살았다. 없는 것을 생각하지 말고 가지고 있는 것을 생각하면 달라진다.

· 긍정의 한마디

나는 결코 사람을 비난하지 않는다. 마음에 드는 일을 하면 충분히 칭찬하면 누구나 잔소리를 들으며 일하는 것보다 칭찬을 들으며 일하기를 좋아한다. _찰스 슈워브

긍정의 스토리

긍정의 플래너

08/25
격려는 위대한 힘이다

사람은 누구나 인정받고 싶고, 사랑 받고 싶다. 그중에 하나는 격려 받고 싶다는 것이다.

장석주 시인은 '대추' 라는 시에 이렇게 말한다. 저게 저절로 붉어 질리는 없다. 저 안에 태풍 몇 개, 저안에 천둥 몇 개, 저안에 벼락 몇 개 … 저 안에 무서리 내리는 몇 밤, 저 안에 땡볕 두어 달, 저 안에 초승달 몇 날. 이런 시간이 지나야 열매가 되는 것이다. 꿈을 가지고 이루려고 할 때 태풍이 지나 갈수 있다. 그러나 노력하면서 격려를 받고 힘을 내어야 한다. 그러면 열매로 다가 올 것이다.

· 긍정의 한마디

누구에게나 칭찬해 주는 사람은 아무도 칭찬하는 것이 아니다. _제임스 보즈웰

긍정의 스토리

긍정의 플래너

08/26
생각의 에너지를 생성하라

사람은 할 수 있다는 에너지가 있어야 한다.
(박 필, 행복과 성공을 만드는 언어)

그 중에서도 할 수 있다는 'Can'의 에너지가 있어야 한다.

할 수 있다는 에너지는 소극적인 에너지가 아니라 적극적인 에너지이다. 또한 해야 한다는 'must'가 있어야 한다. 'must'는 할 수 있다는 에너지를 만든다. 생각의 에너지는 할 수 있는 적극적인 힘과 적극적인 가능성을 준다.

'Can'과 'must'를 가지고 생각의 에너지를 만들면 무한대의 힘이 나를 지배한다.

· 긍정의 한마디

마음이 약한 사람에게는 무엇보다도 성공하는 것이 필요하다. 이 때 칭찬은 교훈이 되며 찬탄은 강장제가 된다. _아이젠

긍정의 스토리

긍정의 플레너

08/27
어려움이 있다고 좌절하지 마라

월스트리트 저널지에 이런 광고가 실렸다.

"만약에 당신이 좌절감에 사로잡혀 있다면 이 사람을 생각하십시오. 그는 초등학교를 중퇴했습니다. 그는 시골에서 잡화점을 경영하다 파산했습니다. 그는 그 빚을 갚는데 15년이나 걸렸습니다. 그의 결혼생활은 매우 불행했습니다. 그는 하원의원 선거에서 두 번이나 낙선 했습니다. 상원의원 선거에도 두 번이나 똑같이 낙선했습니다. 그는 늘 자기 이름을 에브라함 링컨이라고 서명했습니다.'

처음에 성공하는 사람은 없다. 성공 이면에는 실패가 있는 것이다. 성공을 말하기 전에 얼마나 실패했느냐고 물어야 한다. 그런데 사람들은 실패를 말하지 않고 성공을 이야기한다.

· 긍정의 한마디

때로는 살아있는 것조차도 용기가 될 때가 있다. _세네카

긍정의 스토리

긍정의 플래너

08/28
모르면 질문하고 질문하라

유태인은 격언에 이런 말이 있다.

'성공하는 데에는 인내가 필요하다. 그러나 동시에 인내만으로는 성공할 수 없다'

지혜가 있어야 한다. 유태인은 비교적 질문을 많이 한다. 유태인은 왜 그렇게 꼬치꼬치 캐묻는 이유는 무엇일까? 이유는 간단하다. 물을 때에 서로의 생각을 알 수가 있기 때문이다. 성공의 절반은 인내심이다. 질문이 수치스러운 것이 아니라 자신을 키우는 성장 판이다.

· 긍정의 한마디

역경에 처했다고 상심하지 말고, 성공했다고 하여 지나친 기쁨에 휩쓸리지 말라. 이 두 가지를 항상 마음에 새겨 두어라. _호라티우스

긍정의 스토리

긍정의 플래너

08/29
그대 최선을 다하였는가?

지미 카터는 해군사관학교 출신이다. 그가 해군 사관학교를 졸업하고 처음 부임하는 자리에서 사령관은 다음과 같은 질문을 하였다. "카터 소위! 귀관은 사관학교 시절에 몇 등이나 했는가?" 갑작스런 질문에 당황한 그는 "750명 중에 57등을 했습니다"라고 대답했다.

사령관은 "귀관은 어찌하여 최선을 다하지 못하였으며 57등밖에 못했는가?" 라고 꾸짖었다. 이 일이 있고 난 후부터 카터는 "왜 최선을 다하지 못 했는가"라는 말을 일생의 좌우명으로 삼고 살았다고 한다. 최선을 다하는 사람에게는 후회는 없다.

· 긍정의 한마디

만약 어떤 일을 순조롭게 진행했다면 또 다른 멋진 일을 차아 도전해야지 그 성공에 너무 오래 안주해서는 안된다. _스티브 잡스

긍정의 스토리

긍정의 플래너

08/30
생각의 터를 1% 넓혀라

우리는 속이 좁은 사람을 벽창호라고 부른다.

사실 말이 쉽지, 생각을 넓히고, 생각을 바꾸는 것은 쉽지 않다.

사람들이 자신의 생각을 바꾸는 동기를 보면 어쩔 수 없는 상황에서 살기 위해서 생각을 바꾼다. 만약 자신이 잘될 때 생각을 바꾸었으면 좋을까? 심리학자 랑클은 "예상치도 않은 상실감에서 자신이 살기 위해서 생각을 바꾼다"라고 말한다. 한 마디로 위기 상황에서 자신의 생각을 바꾸는 것이다. 지금 더 나은 생각을 가지고 생각을 바꾸는 것은 어떨까?

• 긍정의 한마디

인생에 있어서 성공을 A라 한다면 그 법칙을 A=X+Y+Z로 나타낼 수 있다. X는 일, Y는 노는 것이다. 그러면 Z는 무엇인가? 그것은 침묵을 지키는 것이다. _아인슈타인

긍정의 스토리

....
....
....

긍정의 플래너

....
....
....

08/31
내면의 변화가 있을 때 강해진다.

곤충을 매우 사랑하는 학자가 있었다.

어느 날 고치를 찢으려고 몸부림치는 나비의 애벌레를 보게 되었다. 곤충학자는 불쌍하다는 생각이 들어 가위로 그 고치를 찢고 나비를 꺼내주었다. 그런데 기대와 달리 그 나비는 공중을 몇 번 선회하더니 땅에 주저앉아 죽고 말았다. 고치에서 나오기 위해 스스로 애를 쓰며 싸우지 않았기 때문에 날개가 충분히 강해지지 못했고 물기가 마르지 않아 날개가 약해졌던 것이다. 외부의 도움이 오히려 죽음을 재촉하는 게 되고 말았던 것이다. 만물은 변화와 성장을 갈망한다. 그러나 진정한 변화는 자기 내면에서 나와야 한다.

· 긍정의 한마디

최후까지 살아남는 사람들은 가장 힘이 센 사람이나 영리한 사람들이 아니다. 변화에 가장 민감한 사람들이다. _찰스 다윈

긍정의 스토리

....
....
....

긍정의 플래너

....
....
....

9월

September

긍정으로 힘을 내라

09/01
꿈을 이루기까지

한 스케이트 선수가 쇼트트랙 국가대표 선발전에서 탈락되었다. 하지만 그는 올림픽 출전의 꿈을 포기하지 않았다. 스피드스케이팅으로 종목을 바꿨다. 패배의 나락에서 다시 일어나서 재 도전을 하였다. 마침내 7개월 만에 올림픽 금메달을 목에 걸었다. 꿈을 가지면 용기가 생기고 희망이 생긴다. 꿈의 성취를 위해 땀과 피와 눈물의 대가를 지불하자. 한 번도 넘어지지 않고 정상까지 간 사람은 아무도 없다.

· 긍정의 한마디

비전은 다른 사람들이 보지 못하는 것을 보는 것이다. _ 조나단 스위프트

긍정의 스토리

....
....
....

긍정의 플래너

....
....
....

09/02
외발 자전거의 꿈

어떤 사람이 새해를 맞이하여 몇 가지를 다짐하였다. 그 중 하나가 외발자전거 타기다. 외발자전거는 구조가 간단하다. 바퀴 하나에 페달과 안장이 전부다. 그런데 몸 균형을 잡아주고 하체운동, 척추교정이 된다. 이런 결심을 하고 가게를 찾아 갔을 때 주인은 이렇게 말한다.

첫째, 넘어지는 것을 두려워하지 마라. 넘어지는 것은 지극히 정상이다. 둘째, 탈 수 있다는 확신을 가져라. 셋째, 멀리 보라. 가게 주인의 한마디가 마음속 깊이 다가왔다.

꿈이 있는 사람은 넘어지는 것을 두려워해서는 안 된다.

· 긍정의 한마디

그저 첫 발걸음을 떼면 됩니다. 계단 전체를 올려다 볼 필요도 없습니다. 그저 첫 발걸음을 떼면 됩니다. _마틴루터 킹

> 긍정의 스토리

> 긍정의 플래너

09/03
남들보다 최선을 다하면 길이 보인다

헤비급 챔피언 제임스 콜베트는 늘 이렇게 말했다.

"1라운드만 더 싸우면 챔피언이 된다.

모든 일이 힘겹겠지만 당신은 1라운드만 더 싸우면 된다."

(지글라, '나에게 도움이 되는 생각과 행동')

지금 이 순간 최선을 다 하여라.

· 긍정의 한마디

열정은 성공의 열쇠, 성공의 완성은 나눔이다. _워렌 버핏

긍정의 스토리

긍정의 플래너

09/04
내면이 변해야 진정한 변화이다

노만 빈센트 필 박사가 이런 이야기를 하였다. 어느 작은 도시 이발사협회가 회의를 하고 더러운 곳을 찾아가서 누더기를 입은 사람을 깨끗하게 이발해 주었다. 그리고 목욕과 얼굴에 마사지를 해 신사복을 입히고, 모자를 씌우고 지팡이를 손에 들려 사진을 찍어 신문에 내보냈다. 어떤 사람이 이 모습에 감동을 받아 일자리만 주면 되겠다고 생각하여 다음날 아침 8시에 출근하기로 약속을 하였다. 그런데 그 다음날 그는 나타나지 않았다. 그 사람을 종일 찾아 마침내 찾고 보니 그는 다시 옛날 그 자리에서 술에 취해 길에 드러누워 잠을 자고 있었다. 아무리 외모를 변화시킨다고 하더라도 자신의 내면적인 모습이 변하지 않으면 아무 소용이 없다. 내면이 건강하지 않으면 옛 자아상으로 돌아간다.

· 긍정의 한마디

'할 수 있다. 잘 될 것이다'라고 결심하라. 그리고 나서 방법을 찾아라_에이브러햄 링컨

긍정의 스토리

긍정의 플래너

09/05
꿈꾸는 개그맨

한 개그맨에게 이런 질문을 하였다

"그 힘든 영화를 왜 하느냐고 질문합니다" 그는 사람들이 예상을 빗나가는 대답을 하였다. "개그맨은 제 직업이고요. 영화는 제 꿈입니다. 꿈을 가지고 살아야 삶이 행복하지 않겠습니까." 개그맨에 영화를 만든다고 할 때 모두가 비웃고, 모두가 불가능하다고 할 때 자신의 꿈을 향해 그는 전진 한 것이다.

꿈을 꾸라.

· 긍정의 한마디
인생에 있어서 가장 큰 기쁨은 너는 그것을 할 수 없다고 세상 사람들이 말하는 그 일을 성취시키는 일이다. _ 월터 배쬬트

긍정의 스토리

....
....
....

긍정의 플래너

....
....
....

09/06
꿈을 이루는 비결

사람은 누구에게나 꿈이 있다.

그 꿈을 이루지는 못하는 이유는 실천하지는 않기 때문이다. 꿈을 실현하는 데는 4가지 비결이 있다. 그것은 호기심, 용기, 지속성, 자신감이다. 그 중에서 가장 중요한 것이 자신감이다.

헨리 포드는 어린 시절 어머니가 편찮으실 때마다 의사를 부르러 10리를 넘는 거리를 달려갔다. 그때 포드는 마차보다 더 빠른 운송수단을 만들겠다는 꿈을 갖게 됐다. 그는 꿈을 가슴에 품고 끊임없이 노력했다. 그 결과 자동차를 만든 것이다. 성공한 사람은 역경 앞에서 핑계거리를 찾지 않는다.

· 긍정의 한마디

어려운 직업에서 성공하려면 자신을 굳게 믿어야 한다. 이것이 탁월한 재능을 지닌 사람보다 재능은 평범하지만 강한 투지를 가진 사람이 훨씬 더 성공하는 이유다. _소피아 로렌

긍정의 스토리

긍정의 플래너

09/07
꿈을 팔아라

우리는 꿈을 판다.

'크리스티앙 디오르 가게에서 립스틱을 사면 제품과 함께 꿈이 실려 간다.' 이것이 세계 제1의 명품 그룹인 루이비통의 회장인 베르나르 아르노의 경영철학이다.

명품은 꿈을 파는 시장이다. 뉴욕 맨해튼 5번가의 명품 샵들은 1년에 100억 달러를 판다. 이들은 꿈을 소유하는 대가로 그만큼 돈을 뿌린다. 꿈꾸는 자는 꿈을 전염시키는 것이다.

· 긍정의 한마디

인간이 현명해 지는 것은 경험에 의한 것이 아니고 경험에 대처하는 능력에 의한 것이다.,

_버나드쇼우

긍정의 스토리

긍정의 플래너

09/08
꿈은 반드시 이뤄진다.

에드먼드 힐러리라는 에베레스트 산 정복에 나섰다가 실패하였다. 그는 하산하는 길에 이런 유명한 말을 남겼다고 한다.

"산아, 너는 자라나지 못한다. 그러나 나는 자라날 것이다. 내 기술도, 내 힘도, 내 경험도, 내 장비도 자라날 것이다. 나는 다시 돌아온다. 그리고 기어이 네 정상에 설 것이다." 약 10년 후 1953년 5월 29일, 그는 다른 산악인 2명과 함께 역사상 처음으로 에베레스트 산 정상을 정복하였다. 나의 꿈이 한두 번 좌절됐다고 포기하지 말라.

· 긍정의 한마디

마음으로 원하는 것을 생각하고 그것이 마음에 가득하게 할 수 있다면, 그것이 당신의 인생에 나타날 것이다. _론다 번

긍정의 스토리

긍정의 플래너

09/09
슬로건이 회사를 이끈다.

코카콜라가 전 세계적으로 사랑받는 음료가 되었다.

그 이유 가운데 하나는 코카콜라 회사에서 내건 표어 때문이다

"세계적으로 생각하고 지역적으로 행동하라!"

숲과 동시에 나무를 보라는 것이다. 어떤 사람은 숲만 본다. 어떤 사람은 나무만 본다. 둘 다 보는 안목이 필요하다. 이것이 망원경적 안목과 현미경적 안목이 동시에 이루어 질 때 두 가지를 모두 볼 수 있다.

· 긍정의 한마디

꿈을 날짜와 함께 적어 놓으면 그것은 목표가 되고, 목표를 잘게 나누면 그것은 계획이 되며, 그 계획을 실행에 옮기면 꿈은 실현되는 것이다. _그레그 S. 레이드

> 긍정의 스토리

> 긍정의 플래너

09/10
꿈을 가지고 전진하라

카네기는 강철 왕이다. 그는 미국의 제강업을 세계 정상으로 끌어 올린 부자이다. 그의 어린 시절은 너무나 힘들었다. 어머니는 옷이 단 한 벌밖에 없어서 빨아서 다려 놓았다가 아침에 입혀 보냈다. 이것을 본 카네기는 어머니에게 이렇게 말했다.

"어머니, 저는 커서 부자가 될 거예요. 그래서 어머니에게 좋은 드레스를 꼭 사드릴 것입니다." 그의 소원은 부자가 되어 어머니에게 드레스를 사드리는 것이다. 이런 소원을 이루기 위해서 열심히 노력한 결과가 강철 왕 카네기가 된 것이다.

꿈을 가지면 이루어진다.

· 긍정의 한마디

행복하고 성공한 사람들은 다음 3가지를 갖추고 있다. 첫째는 과거에 감사하고, 둘째는 미래의 꿈을 꾸고, 셋째는 현재를 설레며 산다. _모치즈키 도시타카

긍정의 스토리

....
....
....

긍정의 플래너

....
....
....

09/11
자신의 사명을 불태운 사람

"나의 사명은 이 세상에 발자국을 남기는 것이다"

이 말은 짐 엘리어트가 한 말이다. 엘리어트는 어린 시절 꿈을 꾸고 아프리카에 가서 봉사는 하는 것이다.

"오래 살기를 구하지 않습니다. 다만 주님을 위해서 내 삶이 불타기를 원합니다."

엘리어트는 자신의 사명이 무엇인지 분명히 아는 사람이다. 누구든지 자기 사명을 다하는 사람은 자기일에 최선을 다하는 사람이다.

· 긍정의 한마디

성공하는 사람은 성공하지 못하는 사람들이 하기 싫어하는 일을 하는 습관을 가지고 있다. 그러나 그들은 목적의식이라는 힘으로 그것을 극복하고, 하기 싫은 일을 하고 싶은 일로 만든다. _알버트 그레이

긍정의 스토리

긍정의 플래너

09/12
그게 어쨌다고

일본 프로야구 사상 개인 통상 3천 안타를 친 장훈 선수가 있다. 그는 일본으로 귀화를 거부한 한국인이다. 그 당시 일본은 우리나라보다 몇 배로 잘 사는 나라 라고 생각해서 한국을 인정하지 않을 때이다. 장훈 선수가 타석에 들어서면 '조센진 꺼져라' 라고 외쳤다. 이런 목소리가 관중석에 울릴 때 장훈 선수는 배트를 내려놓고 다시 대기석에 들어갔다. 그리고 잠시 후, 관중석이 잠잠해지면 타석에 들어서서 '나는 조센진이다'. '그게 뭐 어떻다고' 그러고는 날아오는 공을 향해 배트를 날렸다. 딱, 맞는 순간 모두의 입을 떡 벌어지게 하였다. 장외 홈런이었다.

어려움을 일을 만나도 기죽지 않아야 한다.

· 긍정의 한마디

초점을 맞추는 것의 힘은 빛의 초점을 맞추면 에너지를 모을 수 있다. 레이저 광선처럼 빛이 더 강하게 한 초점으로 모아지면 강철도 뚫을 수 있다. _릭 워렌,

긍정의 스토리

긍정의 플래너

09/13
자신의 한계를 만들지 마라

사람들은 벽을 만나면 '너무 높아' '내겐 너무 멀어' 하고 주저한다.

이런 한계를 넘지 못하면 누구나 주저앉고 만다. 대부분의 실패는 환경이 나쁘거나 실력이 부족해서라기보다는 스스로 한계를 느끼기 때문이다. 또한 자주 한계를 느끼는 사람들은 실패했을 때 단순히 일에 실패했다고 느끼지 않고 자신을 '실패자' 혹은 '패배자'라고 느낀다. 이제 어떤 일을 만나든지 스스로 한계를 만들지 마라. (류가와 미카, 쓰메이징, 장권, '서른, 기본을 탐하라')

· 긍정의 한마디

희망을 품지 않은 자는 절망도 할 수 없다. _조지 버나드 쇼

긍정의 스토리

....
....
....

긍정의 플래너

....
....
....

09/14
건강한 마음이 긍정의 에너지이다.

프로이드는 마음과 뇌의 관계를 연구하였다.

사람의 마음은 환경과 생각, 변화의 현상에 따라서 다르게 반응하는 것을 찾아냈다. 이처럼 사람은 마음의 상태에 따라서 얼굴의 변화, 말의 변화, 심리적 변화, 지능의 변화, 현상의 변화가 일어나기에 자기 안에 긍정을 심으면 천재성을 주고, 창의력을 주고, 거룩한 성품을 준다. 그렇다면 건강한 마음을 가지고 자신이 할 수 있는 최선의 방법을 선택하라. 그 속에서 능력이 나올 것이다.

· 긍정의 한마디

뇌는 현실과 언어를 구별하는 능력이 없기 때문에, 입으로 '짜증나'를 반복하면 마음과 몸에 굳어버린다. _우종민

긍정의 스토리

긍정의 플래너

09/15
크게 생각하라

'THINK BIG' (크게 생각하라)(벤 카슨).

벤 카슨은 초등학교 5학년까지 학습부진아였다. 성적표에는 D가 하나고 F가 전부였다. 그가 의과대학을 졸업하고 흑인 최초로 존스 홉킨스 의대의 소아외과 과장이 되었다. 그의 성공 비결은 무엇일까? 'THINK BIG' 이다. T=Talents·Time, 재능과 시간을 선물로 여겨라. H=Hope·Honesty, 좋은 날에 대한 희망을 갖고 정직하라. I=Insight, 사람들과 좋은 책들로부터 통찰력을 얻으라. N=Nice, 누구에게나 친절하라. K=Knowledge, 아는 것이 힘이다. B=Books, 독서를 통해 지식을 쌓으라. I=In_depth Learning Skills, 심화학습을 하라. G=God, 하나님보다 더 높아지려고 하지 마라. 제 아무리 출중해도 교만하지 말아야 한다.

· 긍정의 한마디

칭찬에는 언제나 능력을 키우는 힘이 있다. _트머스 드라이어

긍정의 스토리

긍정의 플래너

09/16
생각을 바꾸면 행복해지는 열 가지 방법

마틴 셀리그먼 박사는 생각을 바꾸면 행복해 지는 10가지 방법

1. 자신의 편견을 파악한다.
2. 모든 잘못을 내 탓이 오로 단정하지 않는다.
3. 최악의 순간보다 최상의 순간을 상상한다.
4. 쉬운 해결책을 찾는다.
5. 성공했을 때의 모습을 상상한다.
6. 낙천주의자라면 어떻게 했을까를 생각한다.
7. 좋았던 일의 목록을 만든다.
8. 주위사람들과 기쁨을 나눈다.
9. 즐길 수 있는 목표를 찾는다.
10. 자신이 할 수 있는 한계를 정한다.

• 긍정의 한마디

언제나 현재에 집중할 수 있다면 행복할 것이다. _파울로 코엘료

긍정의 스토리

긍정의 플래너

09/17
원하는 것을 말하고 또 말하라

인생은 부메랑이다.

부메랑은 자기가 던지고 자기가 받는 놀이 기구이다. 할아버지 할머니가 길을 가다가 할머니가 다리가 아파지자 할아버지에게 업어 달라고 말했다. 할아버지는 할머니를 업었다. 할머니가 〈무겁지?〉라고 미안하여 말했다. 할아버지가 말했다. 〈그럼 무겁지. 돌 대가리지. 강심장이지〉 조금 가다가 내려놓고 다시 걸었다. 조금 후 할아버지가 다리가 아파지자 할머니에게 말했다. 〈여보! 좀 전에 내가 업어 주었으니 나를 조금만 업어줘〉. 할머니가 할아버지를 업었다. 할아버지가 조금 미안해하면서 〈생각보다 가볍지?〉라고 물었다. 할머니가 말했다. 〈가벼울 수밖에요? 머리에 든 것이 없지. 속비었지〉. 꼭 심는 대로 거둔다. 삶은 부메랑이다. 말에는 창조의 힘이 숨어있다.

· 긍정의 한마디

미래를 창조하기에 꿈만큼 좋은 것은 없다. 오늘의 유토피아가 내일 현실이 될 수 있다. _빅터 위고

긍정의 스토리
....

긍정의 플래너
....

09/18
보이지 않음을 보는 능력

한 소년이 연을 날리고 있었다. 너무 높이 날려서인지 연이 보이지 않았다. 지나가던 나그네가 물었다.

"꼬마야, 뭐 하고 있니?", "연 날리고 있어요", "하지만 연이 보이지 않는구나.", "그럼 여기 와서 이 줄을 잡아보세요. 팽팽하잖아요. 연은 보이지 않지만 이 줄을 통해 연이 잘 날고 있다는 것을 알 수 있어요." 내 꿈이 보이지 않지만 자신을 버티게 하는 능력이다.

· 긍정의 한마디

신이 인간에게 미래를 밝혀주실 그날까지 인간의 모든 지혜는 오직 다음 두 마디 속에 있다는 것을 잊지 마라. 기다려라. 그리고 희망을 가져라. _알렉상드르 뒤마

> 긍정의 스토리

> 긍정의 플래너

09/19
먼저 생각하라

존 맥켄지 교수에게 이런 이야기를 들었다

자신의 청년 시절 미시간 대학에서 아인슈타인을 만난 이야기이다. 어느 날 저녁 아인슈타인이 물건을 가지러 실험실에 가다가 늦은 시각까지 연구에 몰두하고 있는 학생에게 물었다.

"자네는 이 늦은 시간까지 여기서 뭘 하고 있나?", "실험하고 있었습니다.", "그럼 낮에는 뭘 하나?", "역시 실험을 합니다.", "그럼 하루 종일 실험만 하나?", "네." 겸손하게 대답하는 학생의 표정에는 아인슈타인으로부터 칭찬을 기대하는 눈치가 역력했다. 그런데 아인슈타인은 잠시 멈칫하더니 다시 물었다. "그럼 자네는 도대체 생각은 언제하나?"

· 긍정의 한마디

칭찬이란 타인이 자신과 비슷하다고 인정하는 예절 바른 방법이다. _앙브로즈 피어스

긍정의 스토리

긍정의 플래너

09/20
운명을 바꾸려면

영국의 새뮤얼 스마일즈 사상가 있다.

"부와 행복은 제도나 국가에서 오는 것이 아니라, 개인의 노동과 근면으로부터 나온다." 라고 말했던 사람이다. 그가 했던 말 가운데 가장 유명한 말은 다음과 같다.

생각을 바꾸면, 행동이 달라지고, 행동을 바꾸면, 습관이 달라지며 습관을 바꾸면, 성격이 달라지고, 성격을 바꾸면, 운명이 달라진다. 운명을 바꾸고 싶다면 무엇부터 바꿔야 할까요? 생각부터 바꿔야 한다. 생각부터 변화가 시작되니까…

· 긍정의 한마디

성공적인 모든 사람들은 가슴 속에 큰 꿈을 품은 사람들이었다. 목표를 설정하지 않는 사람들은 목표를 뚜렷하게 설정한 사람들을 위해 일하도록 운명이 결정된다. _브라이언 트레이시

긍정의 스토리

긍정의 플래너

09/21
이 세상에서 가장 먼 거리는?

"이 세상에서 가장 먼 거리는 어디인가?"

지역적인 거리가 아니라 몸의 거리이다. 그것은 머리에서 가슴까지 말한다.

여기서 머리는 생각을, 마음은 행동 또는 실천을 의미한다. 그런데 이 거리는 1m도 채 안 되는 거리이다. 아무리 좋은 생각을 하여도 마음이 허락하지 않으면 손이 따라주지 않는다. 머리에 담아 두고 마음에서 생각을 끄집어내야 한다. 아무리 빛나는 아이디어도 행동하지 않으면 단순한 잡념에 불과하다

· 긍정의 한마디

희망은 좋은 소식이 나쁜 소식보다 우세한 지 계산하는 데서 오는 것이 아니다. 희망이란 그저 행동하겠다는 선택이다. _안나 라페

긍정의 스토리

긍정의 플래너

09/22
소통의 힘을 가져라

히딩크 감독을 소통의 리더십을 가진 사람이다.

히딩크는 스포츠맨으로서 선수들에게 주문한 것이 두 가지이다. 하나는 체력이고 또 다른 하나는 소통이었다. 소통을 위해 선후배가 섞여서 밥을 먹게 하고, 경기장에서도 서로의 이름을 부르게 했다. 소통을 통해 11명의 선수는 하나가 되어 한 몸처럼 뛰어서 어떤 강적을 만나도 이길 수 있는 힘을 기른 것이다. 소통은 단순하고 소박한 것 같지만 위대한 목표를 만든다.

· 긍정의 한마디

모든 것을 관찰하세요. 소통을 잘 하세요. 그림을 그리고 또 그리세요. _프랭크 토마스

긍정의 스토리

긍정의 플래너

09/23
무지개의 조화

화합을 이루려면 조연 정신이 필요하다.

사람마다 좋아하는 색깔, 싫어하는 색깔이 있다. 그러나 7가지 색깔이 조화를 이룬 무지개를 싫어하는 사람은 없다. 무지개가 아름다운 이유는 자기 자리를 지키며 화합하기 때문이다. 자기만 튀려고 하지 않고, 자기 색을 잃지 않고 화합한 결과를 보고 환호한다. 무지개의 소통은 다른 사람들에게 마음 문을 열게하고 내 편, 네 편 가르지 않고 단합을 통해서 생각을 아름답게 만든다. 우리에게 무지개의 화합정신이 필요하다.

· 긍정의 한마디

아름다운 일에 대해서는 칭찬을 아끼지 않는다면 우리 자신은 그 아름다운 일에 참여하는 것이 된다. _라 로슈푸코

긍정의 스토리

긍정의 플래너

09/24
좋은 생각이 나를 바꾼다.

오늘 옆에 있는 사람에게 이렇게 말해보라.

"당신은 참 좋은 사람이야, 당신을 만난 것은 행운이야!"

아이들에게도 말해보라. "너희들이 참 자랑스럽구나, 너희들 때문에 참으로 행복하단다." 직장 동료에게도 말해보라.

"나는 당신과 함께 일하게 되어서 마음이 든든합니다."

당신 스스로에게 말해보라. "내 앞에는 언제나 좋은 일이 기다리고 있다! 나는 참 행복한 사람이다."(박요한). 좋은 생각이 나를 바꾼다. 마음을 바꾸면 인생이 열린다.

의지의 힘은 우리의 운명을 바꿀 수 있다.

- 긍정의 한마디

일이 뜻대로 되지 않을 때에는 나보다 못한 사람을 생각하라. 원망하고 탓하는 마음이 저절로 사라질 것이다. 마음이 게을러지거든 나보다 나은 사람을 생각하라. 저절로 분발하게 될 것이다. _홍자성

긍정의 스토리

긍정의 플래너

09/25
긍정적 생각 습관

같은 일을 보면서도 생각하기에 따라 불행해질 수도 있고 행복해질 수도 있다. 같은 일을 하면서도 생각하기에 따라 즐거울 수도 있고 괴로울 수도 있다.

긍정적으로 생각하는 습관을 가지면 자신의 미래를 밝게 할 수 있다(김숙희). 이처럼 생각이 방향을 결정한다. 좋은 쪽을 바라보면 좋은 일이 생기고, 나쁜 쪽을 바라보면 나쁜 일이 생긴다. 언제나 좋은 쪽을 바라보는 긍정적 생각 습관이 자신의 미래를 밝게 만들어 간다.

· 긍정의 한마디

생활은 습관이 짜낸 천에 불과하다. _아미엘

긍정의 스토리

....
....
....

긍정의 플래너

....
....
....

09/26
생각하는 대로 이루어진다.

어떤 사람이 링컨에게 물었다. "당신은 교육도 제대로 못 받은 농촌 출신이면서 어떻게 변호사가 되고 미국 대통령까지 될 수 있었습니까." 링컨은 이렇게 대답했다.

"내가 마음먹은 날, 이미 절반은 이루어진 것입니다."(세일즈 바이블 중에서)_

우리의 잠재의식 속에 실패를 생각하는 사람은 실패하게 만들고, 성공을 생각하는 사람은 성공하게 만든다(나폴레온 힐). 무엇이든지 생각한 대로, 말한 대로, 느낀 대로, 되는 것이다.

· 긍정의 한마디
결심하기에 따라서 무엇이든 이룰 수 있다. 풀지 못할 문제 따위는 없다. 도전으로 생각하면 지식과 지혜를 얻을 수 있는 기회가 될 것이다. _브라이언 트레이시

긍정의 스토리

긍정의 플래너

09/27
브레인 스토밍을 배워라

브레인스토밍(brain storming)에는 4가지 규칙이 있다.

1. 다른 사람의 발언을 비판하지 않는다.
2. 자유분방한 발언을 환영한다. 몽상도 좋다.
3. 질보다 양을 중요하게 여긴다.
4. 다른 사람의 아이디어에 무임승차한다.

(가토 마사하루의 《내 두뇌에 날개를 달아주는 생각의 도구》)

브레인 스토밍의 규칙은 완전한 아이디어를 구하는 것이 아니다. 파편과 같은 생각들을 하나로 모아가는 작업이다. 번쩍이는 아이디어를 뜸들이다가 창피를 당하지 않을까 걱정하면, 그때는 이미 브레인 스토밍의 자리에서 벗어나게 된다.

자신의 아이디어가 번쩍일 때 자신 있게 말하라

· 긍정의 한마디

배움이 없는 자유는 언제나 위험하며 자유가 없는 배움은 언제나 헛된 일이다. _존 케네디

긍정의 스토리

긍정의 플래너

09/28
큰 생각을 가져라

스톡홀름에 있는 노르디스카 박물관의 현관에 이런 글이 있다
"우리는 작은 나라지만 위대한 것을 생각해야 한다."

작다고 생각을 작게 하라는 법은 없다. 작지만 크게 생각 할 때 더 큰 역사를 만들 수가 있다. 역사상 가장 작은 나라는 이스라엘이다. 그들은 1948년데 독립하여 강한민족으로 역사 속에서 많은 유대인을 배출했다. 지금까지 유대인 중에서 노벨상을 받은 사람이 무려 30% 이상이 된다. 작지만 강하게 생각하고 교육하였기 때문이다. 다고 생각하지 말고 크게 생각 할 때 큰 역사를 남긴다.

· 긍정의 한마디

오직 준비된 자만이 중요한 것을 관찰하는 기회를 잡을 수 있다. _루이 파스퇴르

긍정의 스토리

긍정의 플래너

09/29
사고 능력이 없는 자

"사고의 능력이 없는 자는 바보고, 더 이상 사고하지 않으려는 자는 고집불통이며, 과감히 사고하려 하지 않는 자는 노예다." 이 말은 앤드루 카네기의 개인 도서실 문에 쓰여 있는 문구다.

사고의 능력이 없으면 바보라고 말한다. 고집불통이라고 말한다. 이 두 가지를 못하면 누군가에게 이끌려 다니는 노예가 된다는 것이다.

생각하라. 크게 생각하라. 더 커질 것이다.

· 긍정의 한마디

배움은 그 소유자가 가는 곳이면 어디든지 따라가는 보물이다. _중국 속담

긍정의 스토리

긍정의 플래너

09/30
장애물 때문에 좌절하지 마라

독수리가 더 빨리, 더 쉽게 날기 위해서 극복해야 할 장애물은 '공기'다. 그러나 공기를 모두 없앤 다음 진공 상태에서 날게 하면, 그 즉시 땅바닥으로 떨어져 아예 날수 없게 된다. 공기는 저항이 되는 동시에 비행을 위한 필수조건이기 때문이다.

마찬가지로 인간의 삶에서도 장애물이 성공의 조건이다(존 맥스웰). 장애물 때문에 좌절하지 말라. 장애물을 징검다리로 만들고 건너가면 장애물 때문에 더 잘된다. 장애물 때문에 성공하도록 만들어라

· 긍정의 한마디

어려운 한 가운데, 그곳에 기회가 있다. _엘버트 아인슈타인

> 긍정의 스토리

> 긍정의 플래너

10월

October

마음을 더 높이하라

10/01
나는 반드시 할 수 있다

폴 마이어라는 사람이 있다

그는 군복무를 마친 후 대학에 들어갔지만 집안 형편이 너무 어려워 3개월 만에 그만두고 보험회사의 문을 두드렸다. 그는 대학 졸업장이 없고 선천적으로 말을 더듬어 입사 원서를 낸 보험사마다 퇴짜를 당한 횟수가 무려 57번이나 되었다. 그때마다 '당신들은 이 나라에서 제일가는 세일즈맨을 놓치는 것'이라고 항변하고 스스로 자위하면서 신념을 불태웠다. "반드시 해낼 수 있다" 그 결과 27세 되던 입사 1년 만에 신계약 업적 1백만 달러를 기록하는 대기록을 세워 최연소 기네스북에 오르는 영광을 차지하였다. 꿈을 꾸는 자는 포기하지 않는다.

- 긍정의 한마디

운명은 용기 있는 사람 앞에서는 약하고 비겁한 사람 앞에서는 강하다. _세네카

긍정의 스토리

긍정의 플래너

10/02
할 수 있는 일에 신경을 쓰라

"타인을 바꾸려고 하지 마라. 자신의 마음을 바꾸는 것은 할 수 있는 일이며, 타인의 마음을 바꾸는 것은 할 수 없는 일이다. 할 수 있는 일에 힘을 쓰는 사람은 지혜로운 사람이며, 할 수 없는 일에 신경 쓰는 사람은 어리석은 사람이다". 이 명언은 에픽테토스의 말이다.

우리는 자신의 마음을 바꾸려 하지 않고 타인의 마음을 바꾸려고 한다. 먼저 자신의 마음을 바꾸고 할 수 있는 일에 최선을 다하라. 거기서 변화가 생기고 꿈이 생기고, 역사가 일어난다.

· 긍정의 한마디
행운이란 100퍼센트 노력한 뒤에 남는 것이다. _랭스턴 콜만

> 긍정의 스토리

> 긍정의 플래너

10/03
원칙을 지켜라

영국 처칠 수상이 하루는 급한 일로 교통신호를 위반하게 되었다.

마음이 급한 처칠은 주변을 둘러보았다. 다행히 차도 보행자들도 눈에 뜨이지 않아서 기사에게 그냥 가라고 지시했다. 그런데 차가 어느 정도 앞으로 나갔을 때, 교통순경이 나타나서 차를 세웠다. 처칠은 자신의 신분을 밝혔다.

"나는 수상 처칠이라네. 내가 바쁜 일이 있어서 신호를 지키지 못했는데 좀 봐줄 수 없겠는가?" 그러자 교통순경은 당신은 가짜요! 영국의 수상은 교통 신호를 지키지 않을 리가 없다.

우리도 매사에 이와 같이 원칙을 지켜야 한다.

· 긍정의 한마디

자신의 삶을 바꾸고 더 나아가 운명을 개척하고자 한다면 신중하게 말을 선택하고, 사용할 수 있는 어휘의 폭을 넓히려고 끊임없이 노력해야 한다. _앤서니 로빈스

긍정의 스토리

긍정의 플래너

10/04
성품이 행동이 되도록 노력하라

동서독이 분단되어서 서로의 감정이 좋지 않았을 때 일이다

그 당시 동 서독은 경계선에 철조망이 제대로 만들어지지 않았다. 어느 날 동베를린 쪽에서 온갖 냄새나는 쓰레기를 잔뜩 실어서 서베를린 쪽에 부어놓았다. 이에 반응해 며칠 후 서쪽 사람들은 먹을 것을 비롯해서 괜찮은 물건들을 잔뜩 상대편 쪽에 잘 정렬해서 갖다 놓았다. 그리고 옆에 팻말을 하나 세웠다.

"사람들은 자기가 가진 것을 주기 마련입니다". 사람들은 자기 속에 있는 것을 겉으로 드러낸다. 성품이 행동이 되는 습관이 반복 되도록 노력하면 그것이 라이프스타일이 된다.

• 긍정의 한마디

생각을 조심해라. 말이 된다. 말을 조심해라. 행동이 된다. 행동을 조심해라. 습관이 된다. 습관을 조심해라. 운명이 된다. 우리는 생각하는 대로 된다. _마가렛 대처

긍정의 스토리

．．
．．
．．

긍정의 플래너

．．
．．
．．

10/05
기도의 확신을 가져라

비가 오랫동안 오지 않아 온 나라가 힘들어졌다.

캐나다 한 교회에서 '비가 오게 해달라는' 기도회를 열었다. 모두 모여서 열심히 기도를 했는데 놀랍게도 기도회가 끝나자마자 비가 오기 시작했다. 사람들은 우산이 없어서 우왕좌왕하고 있는데, 한 꼬마만이 우산을 가져왔다.

그 교회 목사가 물었다. "왜 너는 우산을 가져왔니?" 꼬마가 대답했다. "기도하면 이루어진다고 그랬잖아요. 당연히 우산을 가져와야 되는 거 아닌가요?" 기도하면 이루어진다는 확신이 필요하다.

· 긍정의 한마디

즐기지 않는 일을 계속하지 마라. 자신의 일을 좋아하면 자신이 좋아지고 내면의 평화를 얻을 것이다. 이에 더해 몸도 건강하다면 상상했던 것 이상의 성공을 거둘 것이다. _자니카슨

긍정의 스토리

긍정의 플래너

10/06
아직도 12척이 있습니다.

"삶에는 풍요와 가난의 길이 있다. 이왕이면 풍요로운 길로 가기 위해 풍요의식으로 마음을 가득 채우라"(존 키호)

이순신은 '12척밖에 없다'는 가난의식이 지배하는 길과 '12척이나 남았다'는 풍요의식이 지배하는 길 중에서 풍요의 길, 긍정의 길, 낙관주의의 길을 선택했다. 그것이 이순신의 사고방식이고 선택방법이다. 가난의식이 지배하는 길에서 풍요의식을 가지고 행동할 때 변화는 시작된다.

· 긍정의 한마디

고대 그리스인들은 능력과 탁월함을 최대한 발휘하는 것을 행복으로 정의했다. _ 존 케네디

긍정의 스토리

··
··
··

긍정의 플레너

··
··
··

10/07
생각대로, 마음대로

인생은 생각대로 되는 것이다.

자신이 어떤 마음을 먹느냐에 따라 모든 것이 결정된다. 사람은 생각하는 대로 산다. 생각하지 않고 살아가면 살아가는 대로 생각한다(조엘 오스틴). 이것을 보고 맥스웰 몰츠는 이렇게 말한다.

"인간의 뇌는 미사일의 자동유도 장치와 같아서 자신이 목표를 정해주면 그 목표를 향해 자동으로 유도해 나간다". 앞으로 목표를 정하고 나가자. 목표를 세우면 그 목표가 나를 이끌어 줄 것이다.

· 긍정의 한마디

이 세상에는 위대한 진실이 하나있어. 무언가를 온 마음을 다해 원한다면 반드시 그렇게 된다. _파울로 코엘료

긍정의 스토리

긍정의 플래너

10/08
원망하는 사람들의 특징

직장에서 원망이 생기는 10가지.

1. 그렇게 중요한 일인 줄 몰랐다.   2. 잠깐 잊었다.
3. 네가 다시 한 번 내게 말해 줄 것으로 알고 있었다.
4. 그 일은 내 책임에 속하지 않는다.
5. 언제까지 꼭 해야 하는 일인 줄 몰랐다.
6. 보스가 구체적으로 지시하기를 기다렸다.
7. 실수할까 두려워 미루었다.
8. 전에는 이런 방법으로 하지 않았다.
9. 일이 너무 많다.   10. 자료가 보급되기를 기다리고 있었다.

원망하는 사람들은 언제나 피동적이다. 그 피동적인 생각이 불평을 만든다. 적극적인 태도를 가지고 능동적으로 일하면 거기서 긍정과 감사가 나온다.

· 긍정의 한마디

진정으로 낙관적인 사람은 문제를 인식해도 해결책을 찾아내고, 불평할 근거가 있어도 미소 짓기로 마음먹는다. _윌리엄 아서 워드

긍정의 스토리

긍정의 플래너

10/09
경직이 뇌졸증을 만든다

이 시대에 소통의 시대다.

소통은 글자 그대로 흘러가는 것이다. 만약 머리에 피가 소통하지 않으면 뇌경색이라고 부른다. 몸에 피가 잘 소통되지 않는 것을 중풍이라고 한다. 심장에 피가 소통되지 않는 것을 심근경색이라고 한다. 이처럼 피가 소통되지 않아서 병이 오는 것처럼 인간관계도 소통이 안 되면 문제가 생기게 된다. 주변 사람들과 소통하자. 건강하게 살기 위해서…

· 긍정의 한마디

현명한 사람처럼 생각하라 그러나 사람들의 언어로 의사 소통해라. _ 윌리엄 버틀러 예이츠

긍정의 스토리

긍정의 플래너

10/10
여유 있는 마음을 가지고 일을 처리하라

우리는 무엇이든지 성급하게 하려고 한다.

무슨 일이든지 급한 마음으로 하게 되면 실수를 하게 되고, 결과는 좋지 못하다.

마음의 안정은 참으로 중요하다. 마음이 안정되어 있으면 모든 일을 차분하게 생각하게 되고, 일을 하는데도 실수하지 않아 일의 효율을 높일 수 있다.

· 긍정의 한마디

마음속의 생각이 그대를 만들고 미래의 모습을 만들고 기쁨을 만들기도, 슬픔을 만들기도 한다. _제임스 앨런

긍정의 스토리

긍정의 플래너

10/11
브라이언 트레이시의 성공

동기부여 전문가인 브라이언 트레이시가 강의를 하였다.

많은 사람들이 그 강의를 듣고 환호하였다.

그는 "항상 긍정적이 되어 보세요. 집이 불타면 '아, 잘됐다. 그 동안 회사하고 거리가 멀었는데', 자동차 사고가 나면 '아, 잘됐다. 새로 하나 사려고 했는데', 실직하면 '아, 잘됐다. 어차피 그만 두려고 했는데'"라고 말한다. 이런 긍정의 자세가 자신에게 용기를 주고 활기를 찾게 한다. 이렇게 생각하기가 쉽지는 않다. 그러나 생각을 바꾸면 가능하다.

생각한대로 꿈은 이루어진다.

· 긍정의 한마디

영어로 '기회는 지금 여기에 있다(Opportunity is now here)'와 '기회는 아무 곳에도 없다.(Opportunity is nowhere)'는 문장은 한 단어를 띄어 쓰느냐 붙여 쓰느냐에 따라 차이가 있을 뿐이다.

_강영우 박사

긍정의 스토리

....
....
....

긍정의 플래너

....
....

10/12
그래서 뭐 어쨌다고?

오프라 윈프리라는 여성이 있다.

그녀는 9살 때, 삼촌에게 처음 성폭행을 당한 뒤로 불행이 시작되었다. 그녀는 미혼모였으며, 뚱뚱했고, 흑인이며, 사생아며, 가난한 상황에서도 꿈을 이루어 전 세계인 사람들에게 사랑을 받게 되었다. 그녀는 자신을 가로막았던 아픔들을 이겨 냈다.

"그래서 그게 뭐 어쨌다고?"

상처를 문제 삼지 말고 이렇게 말하라. 상처가 그게 어쨌다고…

그러면서 상처의 브레이크를 놓아라. 상처에서 자유 할 것이다.

· 긍정의 한마디

사람이 꿈이나 목표를 가지면 눈앞에는 반드시 벽이 나타난다. 그 꿈을 가지지 않았더라면 벽이라고 느끼는 일 없이 살아갔을 것들이 눈앞에 나타나게 된다. 당연히 큰 꿈을 가진 사람에게는 큰 벽이 나타난다. _기타가와 야스시

긍정의 스토리

긍정의 플래너

10/13
청년 다윗에게 배워라

이스라엘에 블레셋 군인들이 침략해 왔다

블레셋의 장군은 골리앗이다. 그의 용모는 지금으로 하면 상 남자다. 아무도 골리앗을 대적 할 용사가 이스라엘에는 없었다. 이때 다윗이라는 소년이 물맷돌 5개를 가지고 나갔다. 그리고 말한다. "저렇게 크니 절대 빗맞을 일은 없겠다." 다윗은 이렇게 말한다. 긍정은 늘 할 수 있는 것을 선택하는 것이다. 내 자신이 긍정을 선택하는 순간 할 수 있는 힘이 나온다. 긍정은 이겨놓은 게임에서 승리를 확인하는 것이다.

· 긍정의 한마디

세월은 누구에게나 공평하게 주어진 자본금이다. 이 자본을 잘 이용한 사람에겐 승리가 있다. _아뷰난드

긍정의 스토리

긍정의 플레너

10/14
자신의 스케줄을 계획하라

교직생활 40년을 은퇴한 교장 선생님 있었다. 3남매 모두 결혼시켜서 내보내고 나니 아내와 둘만이 살게 되었다. 은퇴하고 모두와 소통이 끊어져 버렸다. 그래서 주간 시간표를 짰다.

월요일 ; 종합병원 대합실로 출근하여 환자들과 소통하며 안내로 무료 봉사.

화요일 ; 전철역에 나가서 전도.

수요일 ; 길거리 청소

목요일 ; 고아원 양노원에 가서 봉사하기.

금요일 ; 부부 산책.

토요일 ; 봉사단체에 나가서 청소하기 이렇게 하다 보니 주변에 수많은 사람들과 다시 소통이 시작되었다. 스스로 찾아가거나 만나야 소통이 된다.

오라는 사람은 없어도 만날 사람은 만들 수 있다.

· 긍정의 한마디

남들보다 더 잘하려고 고민하지 마라. 지금의 나보다 잘하려고 애쓰는 게 더 중요하다._윌리엄 포크너

긍정의 스토리

긍정의 플레너

10/15
정직하면 사람을 움직일 수가 있다.

미국을 움직이는 30명의 사람 중 50%가 유대인이다.

미국 전체 인구의 3.2%인 650만의 유대인이 미국에서 노벨상을 수상한 사람의 24%를, 미국 대학교수의 30%를 유대인이 차지하고 있다고 보도했다. 그 외에도 금융, 정치, 과학, 교육, 언론 등에서 두각을 내타내는 많은 사람들이 유대인들이다.

그 이유가 어디에 있을까? 이것은 어려서부터 어머니의 무릎위에서 토라를 배우기 때문이다. 그들의 삶속에서 토라와 탈무드를 배우고 실천한 것이다. 진리를 붙들고 실천하라. 그것이 자신을 움직일 것이다.

· 긍정의 한마디

내일 일을 걱정하지 말라. 내일 일은 내일 스스로가 맡을 것이니 그날의 괴로움은 그날로 족하다. _ 밀란 쿤데라

긍정의 스토리

긍정의 플래너

10/16
관계회복은 빠를수록 좋다.

뉴욕의 밤거리에 한 젊은 청년이 병들어 쓰러져 있었다.

지나가던 경찰관이 살펴보니 "나는 아버지께 용서를 받아야 한다"고 중얼거리고 있었다. 경찰은 아버지가 누구냐고 물었다. 그리고 곧장 아버지께 전화를 하면서 지금 당신의 아들이 죽어가고 있다고 알렸다. 그러자 아버지는 옛날에는 그런 아들이 있었지만 지금은 다 잊었다고 거부했다. 경찰은 그 아버지와 아들을 전화로 연결시켜 용서를 구하도록 도와주었다.

아들이 말한다. "아버지, 용서해 주십시오". 이 말 한 마디에 아버지는 용서하였다. 좀 더 빨리 돌이켰으면 좋으련만 뒤늦게 돌이킨 것이다. 무엇인가 잘못을 했다면 빨리 관계를 회복해야 한다.

· 긍정의 한마디

가장 오래 산 사람은 나이가 많은 사람이 아니고 많은 경험을 한 사람이다. _찰스 다윈

긍정의 스토리

긍정의 플래너

10/17
마음이 달라도 소통하자

이솝우화에 보면 서로 앙숙인 짐승을 소개한다.

개와 고양이는 서로 만나면 으르렁대고 싸운다. 그 이유는 천적이라서가 아니라 신호가 달라서 싸우는 것이다.

개는 입으로 웃는 법이 없다. 꼬리로 웃는다. 기분이 좋으면 꼬리를 들고 흔든다. 기분이 나쁘면 꼬리를 낮춘다. 겁이 나면 꼬리를 두 다리 사이로 넣는다. 그런데 고양이는 개와 정반대로 신호를 한다. 기분이 좋을 때 꼬리를 낮추고 기분이 나쁠 때나 싸울 때 꼬리를 치켜 올린다. 서로 신호체계가 달라서 화목하게 지내지 못하는 것이다. 아무리 신호 체계가 달라도 마음의 소통을 이루자

· 긍정의 한마디

서투런 의사소통은, 훌륭한 예절을 망쳐버린다. _메난드로스

긍정의 스토리

....
....
....

긍정의 플래너

....
....
....

10/18
과거를 끊어야 산다.

참회록을 쓴 어거스틴이라는 사람이 있다.

한때 이 사람은 타락의 길을 걸은 적이 있는 사람이다. 그가 과거를 단절하고 옛길을 걸어 갈 때 함께 놀았던 여자들이 불렀다

"어거스틴! 나야, 나. 나라니까." 이렇게 불러도 묵묵부답이다.

길거리의 여자들은 더욱 소리를 높여 어거스틴의 이름을 부르며 "나야, 나라고." 말했다. 그때 이렇게 말한다. "나는 과거의 어거스틴이 아니다. 지금의 나는 과거 너를 알아주던 어거스틴이 아니다." 나는 나지만 나는 과거의 사람이 아니다. 난 새로운 사람이다. 나쁜 과거는 빨리 끊을 때 희망이 찾아온다.

• 긍정의 한마디

행복했던 과거를 잊으려고 애를 썼는데도 별 소용이 없을 때 나는 별들을 바라본다. _데릭 월컷

긍정의 스토리

긍정의 플래너

10/19
선택은 나에게 있다.

미국의 할렘가에 사는 매춘부 어머니가 있었다. 어머니에게 두 딸이 있었다. 어린 시절부터 두 딸은 자기들의 어머니가 어떤 생활을 하는지 곁에서 또렷하게 보면서 자랐다. 그들은 성장하여 어른이 되었을 때 어머니를 떠나 각각 독립하였다. 세월이 흐른 후, 어머니는 수소문 끝에 큰딸을 찾아갔다. 큰딸은 가슴 아프게도 자기와 똑같이 창녀가 되어 있었다. 어머니가 물었다. "애야, 어쩌다가 이렇게 되었니?". "어머니 밑에서 자랐는데 어찌 다르게 될 수 있었겠어요?" 어머니는 이윽고 둘째 딸을 찾아 나섰다. 그녀는 훌륭한 가정의 착실한 주부가 되어 있었다. 기쁨을 이기지 못한 어머니가 물었다. "어머니 밑에서 자랐는데 어찌 어머님과 같이 될 수가 있었겠어요?" 두 딸의 대답은 달랐다. 우리의 삶에서 차이는 환경에 어떻게 대응하느냐에 달려 있다.

· 긍정의 한마디

한 인간에게서 모든 것을 빼앗아 갈수는 있지만, 한 가지 자유는 빼앗아 갈 수 없다. 바로 어떠한 상황에 놓이더라도 삶에 대한 태도만큼은 자신이 선택할 수 있는 자유이다. _ 빅터 프랭클

긍정의 스토리
....

긍정의 플래너
....

10/20
동화에서 배운다

동화에 '늑대와 양치기 소년'의 이야기가 있다.

어느 날 양치기 소년이 양을 치다가, 늑대가 나타나지 않는데 장난으로 늑대가 나타났다고 알렸다. 그러다가 정작 늑대가 나타났을 때에 그 양치기 소년의 '신뢰'를 문제 삼아 도와주지 않았다는 이야기이다.

신뢰는 신의이다. 약속을 잘 지키면 신뢰하는 마음을 갖게 된다. 언제 어디서나 신뢰를 주면 신뢰가 돌아온다.

· 긍정의 한마디

정직과 미덕의 샘이자 근원은 훌륭한 교육에 있다. _플루타르코스

긍정의 스토리

긍정의 플래너

10/21
정상에 오르는 사람

지그 지글러 라는 사람이 있다

정상에 오르는 사람을 3가지로 말한다.

첫째는 인내하는 사람.

둘째는 초지일관하는 사람.

셋째는 목적을 세워 놓고 움직이는 사람이다.

이러한 목적을 가지고 초지일관하는 사람만이 정상에 오를 수 있다.

· 긍정의 한마디

성공한 삶의 가장 큰 비밀은 목표를 정하고 성취해내는 것이다. _헨리 포드

긍정의 스토리

....
....
....

긍정의 플래너

....
....
....

10/22
80번째 성공 이야기

다마레이 장군 이야기이다.

그는 적군들에게 완전히 패배하였다. 부하들을 모두 죽이고 동굴로 들어가서 자살하려고 할 때 개미가 큰 먹이를 물고 가는 것을 보았다. 개미는 쓰러지면 또 일어나서 가고, 쓰러지면 일어나서 가는 것이다. 신기하여 따라가 보았다. 79번 실패하고 다시 일어나서 80번째 성공하는 것이다. 거기서 다마레이 장군은 외쳤다. "나는 이제 겨우 한번 실패하였다"

누구나 실패할 수 있다. 실패는 주저앉으라는 신호가 아니라 일어나서 다른 곳으로 가라는 이정표이다.

· 긍정의 한마디

회사에서 정상에 오르고 싶은 사람은 습관의 힘을 바르게 평가하고, 실천이 습관을 만든다는 사실을 이해해야 한다. 자신을 망치는 습관을 버리고 성공을 돕는 새 습관을 빨리 익혀야 한다. _존 폴 게티

긍정의 스토리

긍정의 플래너

10/23
록펠러 손자의 구멍가게

미국에서 제일 부자는 록펠러이다.

한때 그 부자 집 손자가 뉴욕 흑인 헬렘가에서 구멍가게를 열었다. 이상히 여긴 기자가 물었다.

'당신은 왜 이런 곳에서 이런 직업을 갖습니까?'

그는 간단하게 대답하였다.

'이건 내가 하고 싶은 일이거든요'

자기가 하고 싶은 일을 할 때 성공 할 수 있다.

· 긍정의 한마디

어떤 일을 하든 믿음만큼 성공한다. 생각이 우리의 태도와 행동을 결정하고 그것들은 다시 성공과 실패를 결정한다. _브라이언 트레이시

긍정의 스토리

긍정의 플래너

10/24
네 빵집 이야기

한 마을에 네 사람이 빵집을 개업 하였다.

첫째 사람은 〈우리나라에서 제일 맛있는 빵집〉이라고 간판에 썼다.

둘째 사람은 〈세계에서 제일 맛있는 빵집〉이라고 간판에 썼다.

셋째 사람은 〈우주에서 제일 맛있는 빵집〉이라고 간판에 썼다.

넷째 사람은 〈우리 동네에서 제일 맛있는 빵집〉이라고 간판에 썼다.

그런데 넷째 집으로 사람들이 몰리기 시작하였다. 작은 일 없이 큰 일 없다.

· 긍정의 한마디

인간은 말의 지배를 받는 동물이다. 성공하는 사람은 말부터 다르다. 그들의 말은 늘 확신에 차 있고, 긍정과 낙관으로 가득하다. _김영식

긍정의 스토리

긍정의 플래너

10/25
빅터 카이엄의 성공 법칙

빅터 카이엄은 리더스 다이제스트에 〈승리자의 다섯 가지 계명〉을 실었다.

1. 실패의 기억은 오래 남겨두지 말라
2. 자기 비하는 실패의 가장 큰 적이다
3. 사업은 위기를 즐기는 게임이다.
4. 실패가 예견된 사업이면 빨리 포기할수록 좋다
5. 실패는 마지막이 아니라 새로운 출발이다

· 긍정의 한마디

세상을 보는 관점에 따라 즐거운 삶과 고통에 찬 삶, 성공하는 인생과 실패의 인생이 결정된다. _랄프 트라인

> 긍정의 스토리

> 긍정의 플래너

10/26
우리가 사는 시대

한 사회학자가 40년 동안을 시대적인 변천을 연구하였다

1950년대를 가리켜 허무의 시대.

1960년대를 가리켜 쾌락의 시대.

1970년대를 가리켜서 방황의 시대

1980년대를 가리켜서 Me generation 나밖에 모르는 세대다.

그렇다면 2000년대를 사는 우리 시대는 어떤 시대인가? 자기 밖에 모르는 시대이다. 이런 시대에 자기를 벗어나서 이웃과 소통하라. 거기서 배울 것이다.

· 긍정의 한마디

어떤 사람이 링컨에게 이렇게 물었다. "당신은 교육도 제대로 못 받은 농촌 출신이면서 어떻게 변호사가 되고 미국 대통령까지 될 수 있었습니까" 링컨은 이렇게 대답했다, "내가 마음먹은 날, 이미 절반은 이루어진 것입니다" _데일 카네기

긍정의 스토리

긍정의 플래너

10/27
긍정의 힘을 가져라

'긍정의 힘' 이런 글이 나온다(조엘 오스틴).

'자신의 부모는 절망할 수밖에 없는 상황 속에서도 부정적인 말을 하지 않았다'

"우리 어머니는 소아마비를 앓으셔서 지금도 한쪽 다리가 짧으시다. 그러나 어머니는 하나님, 정말 불공평합니다. 왜 제게 이런 일이 일어나야 하는 거죠 라는 불평을 한 번도 하지 않으셨다. 어머니는 언제나 활기찬 삶을 사셨다. 1981년에 말기 암 진단을 받으셨을 때도 결코 무너지지 않으셨다. 이때도 조금도 흔들리지 않고 믿음의 선한 싸움을 싸우셨다. 한 번의 푸념도 없이 오직 믿음과 승리의 말만 하셨다" 위기 때에 어떤 말을 하는가를 보면 그 사람을 알 수가 있다.

· 긍정의 한마디

우리는 흔히 '이것은 옳다', '이것은 그르다'는 식으로 명쾌한 것을 원하는데, 궁극적인 것은 그렇지 않다. 궁극적인 것은 너무나 심오해서 긍정과 부정 둘 다 틀린 경우가 허다하다. _유동범

긍정의 스토리

긍정의 플래너

10/28
홀리데인 호텔 원칙

 미국에 유명한 호텔 중에 홀리데인 인이 있다. 그 호텔의 전 회장은 클 라이머였다. 그는 수백 곳에 호텔을 운영하면서도 호텔 내에 유흥업소를 세우지 않았다. 단 하나의 예외가 있었다. 자신이 운영하기 전에 카지노가 세워진 라스베가스에 있는 홀리데이 인 호텔 하나만 예외였다. 그런데 직원들이 뉴져지에 있는 호텔에 카지노를 설치하자고 제안하였다. 이곳만은 카지노 없이는 호텔 영업이 안 되다며 고집하였다. 클라이머 회장은 가족들과 의논한 후에 회장직을 포기하기로 작정하였다. 이일로 은퇴하면서 "제가 운영하는 호텔에 카지노를 두지 않기로 약속하였습니다. 제가 약속을 지키는 길은 회장직을 물러나는 길밖에 도리가 없었습니다". 클라이머가 말한다. "내가 약속을 하면 약속은 나를 끌어 준다"

• 긍정의 한마디

나는 평생 동안 1. 목표를 종이에 적는다. 2. 하루 두 번 (기상 후, 취침 전) 종이에 쓴 목표를 큰 소리로 외친다는 두 가지 원칙을 실천했다. 그 결과, 1주일에 1달러 20센트를 받던 면화공장 노동자에서 개인 재산만 4억 달러 넘게 소유한 거부로 성장하게 되었다. _ 강철왕, 앤드류 카네기

긍정의 스토리

긍정의 플래너

10/29
기회는 이런 것이다.

희랍의 한 도시에 특이한 동상이 있다. 이 동상은 조각가 뤼지푸스가 만들었다. 앞에만 머리가 있다. 뒤에는 반들반들하다. 발에는 날개가 달려 있어서 언제든지 날 것처럼 준비하고 있다. 그 동상 밑에는 이런 글이 쓰여 있다.

"누가 그대를 만들었지?", "뤼지푸스", "그대의 이름은?", "내 이름은 기회", "왜 발에 날개가 있지?", "땅위로 잽싸게 날아가려고", "왜 앞에만 머리가 있지?", "내가 오는 대로 사람들이 나를 잘 잡으라고", "왜 뒤에는 머리가 없지?", "내가 떠난 다음에는 잡을 수 없도록 하려고"

누구에게나 기회는 오는 데 기회란 빨리 잡지 않으면 잽싸게 날아가 버린다.

• 긍정의 한마디

어릴 적 나에게는 정말 많은 꿈이 있었고, 그 꿈의 대부분은 많은 책을 읽을 기회가 많았기에 가능했다고 생각한다. _빌 게이츠

> 긍정의 스토리

> 긍정의 플래너

10월 OCTOBER 마음을 더 높이하라

10/30
파나마 운하

세계에서 제일 큰 운하는 파나마 운하이다

1914년 미국에 의하여 파나마 운하가 건설되기 직전의 이야기이다. 건설을 맡은 책임자는 여러 가지 장애물에 부딪치게 되었다. 그러나 가장 큰 방해물은 부정적 여론이었다. 그는 입을 꾹 다물고 침묵으로 그 일을 추진하였다. 그 때마다 그는 속으로 이렇게 다짐하였다. "다 할 수 없다고 하여도 하여 놓고 말하리라". 사람들이 "왜 그런 비난을 받고도 침묵하느냐고 물었다" 그 때마다 짤막하게 '때가 되면 말하지' 그때가 언제입니까?

'운하가 완성한 후...' 드디어 그는 운하를 완성하였다. 아무 말도 필요가 없었다.

· 긍정의 한마디

꿈을 기록하는 것이 나의 목표였던 적은 없다, 꿈을 실현하는 것이 나의 목표이다. _만 레이

긍정의 스토리

긍정의 플래너

10/31
소통으로 승리하라

의처증이 있는 한 남편이 있었다.

남편은 그 아내를 믿지 못하고 집에 돌아오기만 하면 다른 남자가 다녀간 흔적을 발견하려고 온 집안을 샅샅이 뒤졌다. 어느 날 긴 머리카락 하나를 발견했다. "어느 놈 머리카락이야?"라며 아내를 다그치자, 아내는 자신의 머리카락이라고 했지만 믿지 않았다.

다음 날, 남편은 짧은 머리카락을 발견하자 "이제 군인과 사귀는군" 하며 아내를 몰아붙였다. 아내는 할 말을 잃었다. 그 후로 아내는 남편이 돌아오기 전에 머리카락 하나 없이 깨끗하게 청소해 놓았다. 어느 날 남편은 구석구석 다 뒤져도 아무 것도 발견하지 못하자 "이제는 대머리와 사귀는군!" 서로 간에 신뢰가 깨지면 더 이상 소통이 이뤄지지 않는다. 서로간의 신뢰와 믿음이 중요하다.

· 긍정의 한마디

믿음은 선의의 거짓이 아닌 사실에 근거해야 한다. 사실에 근거하지 않는 믿음은 저주받아 마땅한 헛된 희망이다. _토마스 A. 에디슨

긍정의 스토리

긍정의 플레너

11월

November

저 높은 곳을 향하여

11/01
말의 능력

말에는 네 가지의 능력

1) 성취력(Achieving Power)_ 되게 하는 힘이 있다
2) 각인력(Engraving Power)_ 끌어가는 힘이 있다
3) 견인력(Towing Power) _ 이끌어 가는 힘이 있다
4) 추진력(Driving Power) _ 되게 하는 힘이 있다

우리는 사람을 만날 때마다 "당신에게 좋은 일이 일어나고 있습니다" 라고 말하면

그 말이 그 사람을, 나 자신을 이끌어간다.

- 긍정의 한마디

승자가 즐겨 쓰는 말은 '다시한번 해보자'이고 패자가 즐겨 쓰는 말은 해봐야 별 수 없다이다. _탈무드

긍정의 스토리

긍정의 플래너

11/02
지금 하십시오

이런 시가 있다.

할 일이 생각나거든 지금 하십시오.

오늘 하늘은 맑지만 내일은 구름이 보일는지 모릅니다.

어제는 이미 당신의 것이 아니니 지금 하십시오.

찬란한 말 한 마디가 생각나거든 지금 하십시오.

내일은 당신의 것이 아닐지도 모릅니다.

사랑하는 사람이 언제나 곁에 있지는 않습니다.

사랑의 말이 있다면 지금 하십시오.

미소를 짓고 싶다면 지금 웃어 주십시오. 당신의 친구가 떠나기 전에.

· 긍정의 한마디

언제나 현재에 집중할 수 있다면 행복할 것이다. _파울로 코엘료

긍정의 스토리

....
....
....

긍정의 플래너

....
....
....

11/03
열등감을 상승하는 일로 바꾸자

한 갤럽연구소가 "당신은 당신의 외모에 만족하십니까?" 하는 설문조사를 하였다. 그 결과 남자들 가운데 만족한다는 사람은 28%였고, 여자들은 13%에 불과했다.

만일 바꿀 수만 있다면 자신의 외모를 바꾸겠다고 한 사람이 남자가 94%, 여자는 무려 99%나 되었다. 이 보고서는 사람들이 자신의 외모를 만족하지 못하고 있다는 사실을 말해 준다. 맥스웰 맬츠(Maxwell Maltz)는 현대인의 95% 정도가 열등감을 느끼며 산다고 말한다. 사람은 열등감 덩어리이다. 이제 열등감을 버리고 장점을 개발하라

· 긍정의 한마디

인생의 목표를 정하기 전에 반드시 다음 4가지를 점검해보아야 한다. 첫째, 자신이 정말 잘하는 것(재능). 둘째, 정말 하고 싶은 것(열정). 셋째, 사회가 원하는 것(수요). 넷째, 옳다는 확신이 드는 것(양심)을 적어보는 것이 바로 그것이다. _프랭클린 코비사

긍정의 스토리

긍정의 플래너

11/04
삶의 의미를 찾는 일이 시급하다

존 록펠러는 나이 53세에 억만장자가 되었다.

그 다음에 해부터 탈모에, 몸이 오그라드는 독두병에 걸려 1년밖에 살지 못한다는 선고를 받았다. 그는 웃음과 삶의 의미를 잃고 불면의 밤을 보냈다. 그러던 어느 날 돈이 인생의 전부가 아니라는 것을 깨닫고 록펠러재단을 설립하여 극빈자를 돕기 시작하였다.

그때부터 그는 웃음을 되찾았고 건강도 회복되어 무려 98세까지 살았다. 부자 되기보다, 부자 되어야 하는 의미를 찾으면 행복해 진다.

· 긍정의 한마디

행복 추구가 나의 유일한 목표다. 행복해질 수 있는 장소는 바로 여기이다. 행복해질 수 있는 시간은 바로 지금이다. 행복해지는 방법은 남을 행복하게 하는 것이다. _ 잉거솔

긍정의 스토리

긍정의 플래너

11/05
자기를 사랑하는 사람은 일의 목적을 안다

하워드 클라인벨이라고 하는 학자가 있다.

거기에서 "사람의 마음에 힘을 주는 일은 어디서 오느냐?"를 전제 한 뒤에, 가치를 지니고 태어난 사람에게 온다고 말한다. 내가 알건 모르건, 나에 대한 존재의식을 가질 때 행복이 온다.

내가 나를 못 믿는데 누가 나를 믿어 주겠는가?

내가 나를 못 믿는데 누구를 믿으라 할 것인가.

그는 말한다. "자기 자신을 사랑하라. 그리고 이웃을 사랑하라. 내가 하고 있는 일을 사랑하라" 자기 자신을 사랑하는 사람이 이웃도 사랑 할 수 있다.

- 긍정의 한마디

더 깔끔하고 밝은 사랑이 되도록 노력하라. 자기 자신이 바로 세상을 보는 창이다. _조지 버나드 쇼

긍정의 스토리

긍정의 플래너

11/06
자기 안에서 만족하는 사람

유대인의 명언에 이런 말이 있다.

1. 이 세상에서 가장 현명한 사람은 누구인가? 모든 사람에게 항상 배우는 사람이다.

2. 이 세상에서 가장 강한 사람은 누구인가? 자기 자신을 이기는 사람이다.

3. 이 세상에서 가장 부유한 사람은 누구인가? 자기가 가진 것으로 만족하는 사람이다.

답은 모든 사람에게 배우고, 자기 자신을 알고, 가진 것으로 만족하는 사람이

- 긍정의 한마디

작은 성공을 만족스럽게 생각하는 사람은 큰 성공을 얻지 못한다. _제세 메서 계만

긍정의 스토리

긍정의 플래너

11/07
잠재력을 개발하라

양계장 집 아들이 산에 올라가서 독수리 알을 주워 다가 암탉이 품고 있는 품에 넣어 주었다. 얼마 후 독수리 새끼도 알을 깨고 나왔다. 독수리 새끼는 병아리 틈에 끼어서 병아리처럼 먹고 행동하였다. 병아리들은 자기들과 다르다고 쪼아대고 구박하였다.

독수리새끼는 서러웠다. 그러던 어느 날 닭장 위에 독수리 한 마리가 날아왔다. 새끼 독수리는 부러워서 자기도 모르게 외쳤다.

"나도 저 새처럼 날고 싶다" 날개에 힘을 주어 보았다. 이상한 일이 생겼다. 자기 몸이 하늘로 치솟아 오르는 것이다. 그때야 자기가 병아리가 아니라 독수리라는 것을 알았던 것이다. "나는 병아리가 아니라 나는 독수리였어!" 해보지도 않고서 자신을 한탄하면 안 된다.

- 긍정의 한마디

목표를 보는 자는 장애물을 겁내지 않는다. _한나 모어

긍정의 스토리

긍정의 플래너

11/08
시계를 차고 다니는 이유

당신은 시계를 왜 차고 다니는가? "성공 자는 출근시간을 보기 위해서 이고, 실패자는 퇴근시간을 보기 위해서이다"

대부분의 실패자들은 근무시간 중에도 자주 시계를 들여다본다. 시간이 안 가기 때문이다. 그러다가 퇴근시간이 되면 단 몇 분이라도 빨리 일어나 가버린다. 게다가 근무시간 중에도 실패자는 성공 자와 같은 양의 시간을 일하지 않는다.

그들은 기회가 있을 때마다 일을 중단하고, 차를 마실 시간, 친구가 왔다고, 전화가 왔다고 잡담한다. 실패자들은 의무니까 일한다. 성공 자들은 기회만 있으면 열심히 일을 한다.

그들이 일하는 이유는 성취 때문이다.

· 긍정의 한마디

기회가 눈앞에 나타났을 때 이것을 붙잡는 사람은 십중팔구 성공한다. 뜻하지 않은 사고를 극복해서 자신의 힘으로 기회를 만들어 내는 사람은 100퍼센트 성공한다. _데일 카네기

긍정의 스토리

긍정의 플래너

11/09
장관직의 제의

미국의 백화점 왕 존 워너메이커가 대통령으로부터 장관직을 제의 받았다.

"당신의 탁월한 경영솜씨를 발휘해 체신부장관직을 맡아주시오"

워너메이커는 한 마디로 거절했다.

"나는 교회학교 교사라는 일을 무엇보다 소중하게 생각합니다. 만약 장관을 맡아서 내 아이들을 가르치지 못한다면 이것은 정말 큰일 입니다."

대통령은 교회학교 교사직을 수행할 수 있도록 해주겠다고 약속했다. 그때서야 장관직을 수락했다. 그리고 매주 토요일이면 비행기를 타고 고향에 내려가 어린이들을 가르쳤다. 자기 소신과 사명감을 갖고 일하는 사람에게 부와 명예가 주어진다.

· 긍정의 한마디

인간에게는 각각 주어진 사명이 있다. _클라이브

긍정의 스토리

긍정의 플래너

11/10
다니엘 웹스터처럼

유명한 정치가인 다니엘 웹스터는 조그만 시골교회로 다녔다.

그의 사촌이 보고 물었다. "왜 당신은 워싱톤의 유명한 교회에 가서 유명한 목사의 유창한 설교를 듣지 않고 시골교회를 다닙니까?" 그의 대답하였다. "워싱톤 설교자들은 정치가인 다니엘 웹스터에게 설교하지만 이 교회 목사는 죄인인 다니엘 웨스터에게 설교한다네. 자신이 듣고 싶은 하나님의 말씀이다. 사람이 듣고 싶은 자기 칭찬이 아니라 자신을 있는 그대로 보아주는 사람이다.

· 긍정의 한마디

이 세상에서 절대 용납할 수 없는 것이 있는데, 그것은 평범함이다. 우리가 자기 계발을 하지 않아 평범해진다면, 그것은 죄악이다. 사명으로 움직이는 사람들은 평범해질 틈이 없다.

_마사 그레이엄

긍정의 스토리

긍정의 플래너

11/11
사람을 살리는 언어

사람은 죽을 때까지 쉬지 않고 말을 한다.

하루 평균 2만 5천 단어를 말한다. 80년 동안 계산하면 7억3천만 단어를 말한다. 이것을 합하면 약 1억5천만 마디의 말을 하는 것이다. 이 말로 '말 한 마디로 천 냥 빚을 갚는다'는 속담을 적용한다면 한 냥에 1만 5천원이라고 할 때, 천 냥이면 1500만원, 거기다. 1억 5천만 마디를 곱하면 2250조원의 천문학적인 액수가 된다.

인간의 생명이 천하보다 귀한 것은 말이다. 그렇게 중요한 말이지만, 말을 잘못해 상대를 실족시키거나, 잘못 듣고 오해할 때는 그 피해도 상상 외로 크다. 사람을 살리는 말을 하자.

· 긍정의 한마디

누에가 자기 입에서 실을 뽑아서 고치를 짓는 것처럼 사람은 일상에서 내뱉는 말로 자기 인생의 집을 지어가는 존재다. _조신영

긍정의 스토리

긍정의 플래너

11/12
축복의 그림을 그려라

시골 고아원에서 10대 소년이 있었다. 이 소년은 야구가 너무나 좋아서, '디트로이트 타이거스'의 구단주가 되겠다는 꿈을 가졌다.

1960년 그는 자신의 꿈을 실현하기 위해서 대학을 중퇴한 뒤 아주 작은 피자 가게를 차렸다. 꿈은 너무나 멀어 보였지만, 그는 결코 꿈꾸기를 멈추지 않았다. 매일 밤 지친 몸으로 침대에 누우면서도 언제나 야구 구단주가 된 자신의 모습을 그리며 행복해 했다.

결국 그의 꿈은 현실이 되었다. 그가 운영하던 작은 피자 가게는 오늘날 1년 매출액이 35억 달러가 넘는 세계 최대의 피자 배달 회사인 '도미노피자'로 성장한 것이다. 그리고 그는 꿈에도 그리던 '디트로이트 타이거스'의 구단주가 되었다(톰 모너건).

누구나 부자가 되는 최고의 준비는 꿈꾸는 것이다.

· 긍정의 한마디

무언가가 부족하거나 필요하다고 느낄 때마다 먼저 원하는 것을 주어라. 그러면 그것이 푸짐하게 돌아올 것이다. 이것은 돈과 미소, 사랑, 그리고 우정에 대해서도 같다. 많이 베풀수록 많은 축복이 찾아오는 법이다. _로버트 기요사키

긍정의 스토리

긍정의 플래너

11/13
혀의 열매를 먹는다.

자신의 노랫말에 따라 인생이 달라진다. 노랫말 연구회가 '가수들은 자기가 부른 가사의 말대로 살다 갔다'는 연구결과가 나왔다. 일제시대 성악가 윤심덕은 '사의 찬미'로 죽음을 아름답게 노래로 표현하였는데, 결국 자살로 인생을 마감했다. 배호 씨는 '마지막 잎새'를 마지막으로 부르고 신장염으로 요절했다. 김정호 씨는 '님'이란 노래에서 "간다~간다~나는 간다~"를 부르더니 33세 젊은 나이에 폐결핵으로 갔다. 차중락 씨는 '낙엽 따라 가버린 사랑'을 부르다가 일찍 세상을 떠나가 버렸다. 반면에 송대관 씨는 '쨍하고 해 뜰 날 돌아 온단다'를 부르더니 아직까지도 인기를 얻고 있다. 1970년대 박정희 대통령이 경제를 살리기 위해 '새마을 운동'을 시작했다. "잘 살아보세~잘 살아보세~우리도 한 번 잘 살아보세~잘 살아보세"라고 노래를 불렀다. 희망적인 말이 희망적인 결과를 가져온다.

· 긍정의 한마디

좋은 나무는 좋은 열매를 맺는다. _랭런드

긍정의 스토리

긍정의 플래너

11/14
희망으로 말하자

콘돌리자 라이스라는 여학생이 있다.

흑인이라는 이유로 백악관에 들어가지 못했다. 그때 콘돌리자는 "아빠, 지금은 제가 흑인이라고 백악관에 못 들어가지만 두고 보세요. 전 반드시 저 안에 들어갈 거예요"라고 말했다. 그녀는 열심히 공부를 해서 정치학 박사를 취득했고, 그리고 부시 대통령의 보좌관이자 백악관에서 인정받는 지도자가 되었다. 꿈을 꾸고 입으로 시인하는 사람은 때가 되면 반드시 그 꿈을 이루게 된다. 꿈을 가지고 희망을 말하자

· 긍정의 한마디

고난이나 난관이나 부정적인 면보다도 긍정적인 면을 먼저 생각하고 고려하자. 희망하는 일들을 하나하나 성취해 나가자. _ N. V. 필

긍정의 스토리

긍정의 플래너

11/15
성공사례

인생을 역전시킨 10명의 성공사례

① '이거다' 싶으면 과감히 덤벼라

② 사람들과 '인간적' 관계를 유지하라

③ 최소 1년 이상 철저히 준비하라

④ 직원들에게 먼저 모범을 보여라

⑤ 하고 싶은 일, 잘하는 일을 택하라

⑥ '인생 전체'를 놓고 철저히 계획하라

⑦ '창업'만이 유일한 길은 아니다

⑧ '성공할 수 있다'는 확신을 가져라

⑨ 인맥이 없으면 적극적으로 만들라

⑩ 당연한 말 한 가지… 최선을 다하라

- 긍정의 한마디

오직 한 가지 성공이 있을 뿐이다. 바로 자기 자신만의 방식으로 삶을 살아갈 수 있느냐이다.

_크리스토퍼 몰리

긍정의 스토리

긍정의 플래너

11/16
열정과 몰입의 방법

일에서 재미와 열정을 느끼는 조건이 있다

1. 자신이 가치 있는 일을 하고 있다고 느낄 때
2. 그 일을 할 때 자신에게 선택권이 있다고 느낄 때
3. 그 일을 할 만한 기술과 지식이 있다고 느낄 때
4. 실제로 진보하고 있다고 느낄 때

케네스 토머스, 열정과 몰입의 방법

- 긍정의 한마디

성공이란 열정을 잃지 않고 실패를 거듭할 수 있는 능력이다. _윈스턴 처칠

긍정의 스토리

...

긍정의 플레너

...

11/17
나를 키우는 말을 암송하라

노먼 빈센트 필 박사는 항상 무엇인가 종이쪽지에 적어서 시간만 있으면 읽었다.

그 종이가 구겨지고 못 쓰게 되면 새 종이에 또 옮겨 적어서 그것을 늘 몸에 지니고 다니며 읽었다. 사람들이 궁금해서 "무엇을 적어 가지고 다니며 읽느냐?"고 물었다.

'하나님이 나를 사랑이 사랑하신다. 하나님이 나를 지켜보신다. 내가 어디를 가든지 하나님은 거기 계신다.'

이 말이 자기 자신을 키웠던 것이다.

· 긍정의 한마디

사람들은 서서히 성장하는 것보다 급성장을 좋아한다. 호박은 6개월이면 자란다. 그러나 참나무는 6년이 걸리고, 견실한 참나무로 자태를 드러내려면 100년이 걸린다. _강준민,

긍정의 스토리

긍정의 플래너

11/18
같은 일을 해도 생각의 차이는 엄청나다

로버트 슐러가 어느 탄광을 방문 했다.

탄광원들의 얼굴은 땀과 탄가루로 범벅이 되어 있었다. 눈만 반짝이는 광원들이 불쌍하게 여겨져 위로의 말을 건넸다. "날마다 이 굴 속에서 석탄을 캐는 단조로운 일을 하시느라 얼마나 고생이 많습니까" 그러자 한 광원이 석탄 덩어리 하나를 집어 들고 말했다.

"제가 캐는 이 석탄이 빛이 되고, 동력이 되고 열이 되어 가정과 공장, 사회와 국가를 움직입니다. 일이 즐겁습니다". 같은 일을 해도 생각의 차이는 엄청나게 크다

· 긍정의 한마디

용기에도 큰 용기와 작은 용기의 구별이 있다. _맹자

긍정의 스토리

긍정의 플래너

11/19
새로운 용도에 따라서 값어치가 달라진다

힐튼 호텔의 창시자인 콘라드 힐튼이 이런 비유를 들었다.

5달러짜리 평범한 쇠막대기를 그냥 두면 아무 쓸모없는 싸구려 막대기이다. 그러나 이 쇠막대기로 말발굽을 만들면 10달러 50센트를 벌수 있고, 바늘을 만들면 3천 2백 50달러를 벌수 있고, 이것으로 용수철을 만들면 250만 달러를 벌 수 있다. 원자재의 문제가 아니라 어떻게 사용하느냐에 따라서 새로운 가능성은 달라지기 때문이다.

· 긍정의 한마디

새롭게 열리는 또 다른 가능성을 생각한다면 늙는다는 것이 그렇게 나쁜 것만은 아니리라.
_모리스 체발리에

긍정의 스토리

....
....
....

긍정의 플래너

....
....
....

11/20
손재주가 많은 사람

스위스에 한 여인이 살고 있었다.

그녀는 조국의 암담한 현실에도 불구하고 자기 스스로 할 수 있는 일에 최선을 다했다. 그녀는 아름다운 레이스로 장식한 각종 수예품들을 만들었다. 그 수예품들은 스위스뿐만 아니라 주변 국가들에서도 불티나게 팔렸다. 이일로 스위스 국민들은 귀중한 사실 하나를 깨달았다. "스위스 국민들은 세상에서 손재주가 가장 뛰어나다." 이런 자신감을 얻은 스위스 국민들은 아주 정교한 손재주를 요구하는 시계 산업에도 손을 대기 시작하여 결국 스위스는 세계 제일의 시계 수출국가가 될 수 있었다. 나의 재능을 아름다운 것으로 승화 시키면 위대해 진다.

・ 긍정의 한마디

우리는 자신의 약함을 인정하는 것을 두려워하지 말아야 한다. 자신의 약함이 어디에 있는가를 알면 알수록 그것을 강하게 하는 일에 힘을 쏟기가 쉽다. _문일다(聞一多)

긍정의 스토리

긍정의 플래너

11/21
부메랑은 돌아온다

부메랑은 어디서든지 던진 사람에게 돌아온다. 마치 낫처럼 되어 있지만 공중에 높이 던지면 던진 사람에게서 멀리 가는 것 같은데 자기 앞으로 정확하게 돌아온다. 부메랑에도 철학이 있다.

1. 멀리 던져도 되돌아와야 한다.
2. 한참 만에 돌아와야 한다.
3. 상상을 초월하게 이상하게 갔다가 돌아와야 한다.
4. 던진 자리에서 한 발자국도 떼지 말고 받아야 한다.

인생은 부메랑이다. 자기가 던지고, 자기가 던진 것을 받는다.

• 긍정의 한마디

만약 성공을 원한다면 그만큼 자기를 희생해야 한다. 큰 성공을 바란다면 큰 희생을, 더 이상 없을 만큼 큰 성공을 원한다면 더 이상 없을 만큼 큰 희생을 치러야만 한다. _제임스 앨런

긍정의 스토리

긍정의 플래너

11/22
서툴어도 연습하면 익숙해진다

중국의 송나라 때, 진요자는 활쏘기의 명수였다. 그가 쏘는 화살은 십중팔구 과녁에 적중했다. 하루는 자신의 집 궁터에서 연습하고 있는데 기름장수 노인이 지나가다가 보게 됐다. 그가 물었다.

"제 솜씨가 훌륭하지 않나요?", "별 게 아닙니다. 손에 익으면 되는 것이지요", "저를 무시하는군요.", "그렇지 않소. 내가 하는 것을 한 번 보시오"

노인은 땅 위에 기름병을 놓고 병 주둥이에 구멍이 뚫린 동전을 올려 놓았다. 그러더니 국자로 기름을 떠서 작은 동전구멍으로 천천히 부었다. 기름을 다 부었는데 한 방울도 동전구멍에 묻지 않았다. 누구나 처음에는 모든 일이 서툴러도 손에 익으면 천재처럼 될 수 있다.

· 긍정의 한마디

처음부터 잘하는 것은 어림도 없지. 하지만 날마다 연습하면 어느 순간 너도 모르게 어려운 역경들을 벌떡 들어올리는 널 발견하게 될 거야. _공지영

긍정의 스토리

....

긍정의 플래너

....

11/23
안 되면 될 때까지 계속하라

한 청년이 전기 공장에 취직하러 갔다. 인사 담당자는 남루하고 왜소한 그가 탐탁지 않았다. "지금은 사람이 필요하지 않으니 한 달 뒤에 다시 오게." 그는 한 달 뒤에 다시 찾아갔다. 인사 담당자가 다시 한 달을 미뤘다. 그러기를 수차례 반복하자 인사 담당자가 본심을 드러냈다. "그렇게 꾀죄죄한 몰골로 우리 공장에 들어올 수 없다네." 그는 돈을 빌려 깔끔하게 차려입고 갔다. 인사 담당자가 또 핑계를 댔다. 두 달 후 다시 그가 나타났다. 인사 담당자가 그를 찬찬히 뜯어보며 말했다. "내가 이 바닥에서 몇 십 년을 일했지만 자네 같은 사람은 처음일세. 두 손 다 들었네." 이렇게 취직을 한 사람이 마쓰시타 고노스케(松下幸之助)다. 그가 마쓰시타 전기의 창업주가 된 것이다. 인내를 가지고 찾으면 찾지 못 할 것이 없다

· 긍정의 한마디

'망상가' 소리 듣는 것을 두려워하면 죽었다 깨어나도 선구자가 될 수 없다. 계속 품고 있으면 망상은 위대한 기적의 모태가 된다. _차동엽 신부

긍정의 스토리

긍정의 플래너

11월 NOVEMBER 저 높은 곳을 향하여

11/24
리바이스 청바지

독일에서 이민 온 한 목사의 아들이 있었다. 너무 가난해서 학교를 다닐 수 없게 되자, 그는 돈을 벌겠다며 금광으로 갔다. 금광에서 광부로 일하는 광부들을 볼 때 얇은 옷을 입고 작업을 하다 바지가 찢어져 몸을 잘 다치곤 하였다. 그에게 기발한 아이디어가 떠올랐다.

두꺼운 천막 천으로 바지를 만들면 어떨까? 잘 찢어지지도 않고 튼튼해서 사람들이 안심하고 일할 수 있을 텐데 … 그는 두꺼운 천막으로 바지를 만들어 팔기 시작했다. 이 행운의 주인공이 바로 리바이스(Levi's)라는 상표의 주인 리바이 스트라우스(Levi strauss)이다. 청바지가 세상에 나온 지 3년 만에 리바이 스트라우스의 청바지는 지구촌 곳곳으로 퍼졌고 그는 평생을 갑부로 살았다. 모든 사물에서 지혜를 얻도록 노력하라.

· 긍정의 한마디

지금까지도 그래왔고 앞으로도 항상 지키려고 노력하는 결심 한 가지는 바로 소소한 일에 대해 초연해지는 것이다. _존 버로스

긍정의 스토리

긍정의 플래너

11/25
적극적인 말을 하라

적극적 사람이 되기 위해서는 다음과 같이 말해야 한다

- 나는 노력한다.
- 나는 꿈꾼다.
- 나는 결심한다.
- 나는 연약한다.
- 나는 절망하지 않는다.
- 나는 실수로부터도 배운다.
- 나는 인생을 가치 있게 변화시킨다.
- 나는 결코 실수로 인하여 목표에서 멀어지지 않는다.

이런 신조로 사는 사람에게 희망이 찾아온다.

· 긍정의 한마디

긍정적으로 생각하라. 원하는 것을 마음 속 깊이 생각하고 또 생각하면 그 바람은 어김없이 현실로 나타난다. 원치 않는 걸 떠올리지 말고 갖고 싶은 것, 하고 싶은 것을 생각하라. _앤드류 매튜스

긍정의 스토리

긍정의 플래너

11/26
진주만의 영화에서 배우라

진주만의 영화가 기억난다.

모든 조종사들이 활주로가 짧아서 이륙이 안 된다고 말한다. 그런데 한 사람이 이륙을 성공한 후 모든 조종사들이 성공적으로 이륙하였다. 이전까지 하지 못했던 이유는 생각의 장벽에 막혀 있었기 때문이다. 능력이 없었던 것이 아니라 생각의 장벽이 막았던 것이다. 생각의 장벽을 깨는 한사람이 필요하다.

벽을 깨는 한사람만 있으면, 전체는 변화된다.

· 긍정의 한마디

교육 없는 천재는 광산 속의 은이나 마찬가지이다. _ 벤자민 프랭클린

긍정의 스토리

긍정의 플래너

11/27
종일 생각하는 것이 목적이다

"사람이란 종일 자기가 생각하는 그것이다"(렐프 웰드 에머슨).
종일 생각하는 것이 당신의 생각을 지배하는 것이다. 느릿느릿한 행동은 느릿느릿한 생각을 나타내고 있고, 꽉 짜인 행동은 그날의 스케줄을 자신을 숨 막히게 하는 것이다.

우리가 행복해지려면 종일 희망을 선택하고 긍정을 가질 때 가능하다.

· 긍정의 한마디

인내하라. 경험하라. 조심하라. 그리고 희망을 가져라. _조셉 에디슨

긍정의 스토리

....
....
....

긍정의 플래너

....
....
....

11월 NOVEMBER 저 높은 곳을 향하여

11/28
한 번은 뜨거워야 한다

"너에게 묻는다"(안도현)라는 시가 있다

"연탄재 함부로 발로 차지 마라"

"너는 누구에게 한번이라도 뜨거운 사람이었느냐"

시인은 너는 언제 남에게 한번 이라도 뜨거운 적이 있느냐 …

남을 위해서 살지 않으면서 봉사하는 사람들을 비방해서는 안 된다.

· 긍정의 한마디

자신이 좋아하는 일을 하는 사람은 누구나 열정과 에너지를 그것에 쏟아 붓는다. 자신이 진정으로 하고 싶은 일을 찾아 하는 것, 그것이 가장 중요한 일이다. _노만 빈센트 필

긍정의 스토리

....
....
....

긍정의 플레너

....
....
....

11/29
앞을 보고 가면 실망하지 않는다.

플로렌스 체드윅은 영국 해협을 최초로 건넌 사람이다.

그의 상어 떼가 우글거리는 바다에 구조선의 호위를 받아가면서 수영을 하였다. 그런데 목표지점을 불과 800미터를 앞두고 짙은 안개가 몰려와서 전혀 앞을 볼 수 없었다.

구조선은 이제 불과 800미터 남았다고 알려주었다. 그러나 그는 해협을 건너지 못하고 포기하였다. "아니 왜 포기했습니까?" 질문하였다. "변명 같지만 안개 때문에 목표를 전혀 볼 수 없었기 때문에 포기하고 말았습니다". 이처럼 앞을 보지 못하면 좌절한다.

앞을 분명히 보고 전진하면 실망하지 않는다.

· 긍정의 한마디

스스로 세운 인생의 목표에 헌신하는 사람은 삶이 즐거워 어쩔 줄 모른다. 다시 태어나도 그 일을 하겠다고 다짐한다. 수입이 전혀 없어도 기꺼이 하겠다고 말한다. 그리고 그 일을 초등학교 때부터 하지 않은 것을 후회한다. _혼다 겐

긍정의 스토리

....

긍정의 플래너

....

11/30
인생의 멘토에게 도움을 받아라

자동차 정비사가 중고차 한 대를 싸게 샀다.

모처럼 드라이브를 나섰지만 도중에 엔진이 꺼지는 바람에 시동이 걸리지 않았다. 그는 차에서 내려 엔진 뚜껑을 열고 고장 원인을 찾기 시작했지만 찾지 못하고 있었다. 그때 그곳을 지나가던 노인 한 분이 다가왔다. "젊은이, 내가 좀 도와줄까요." 그는 손으로 엔진의 한 부분을 만지고 "자, 시동을 걸어 보시오" 그때 정비사는 노인이 시키는 대로 시동을 걸었다. 엔진이 소리를 내며 잘 돌아가는 것이다. 정비사는 "고맙습니다. 그런데 어떻게 시동이 걸리게 만드셨나요?" 그러자 노인이 명함을 하나 주고 갔다.

명함에는 헨리 포드(Henry Ford). 내 인생에 고장이 났을 때 멘토에게 도움을 받아라.

• 긍정의 한마디

배움은 우연히 얻어지는 것이 아니라 열성을 다해 갈구하고 부지런히 집중해야 얻을 수 있는 것이다.

_애비게일 애덤스

긍정의 스토리

긍정의 플래너

12월

December

공정이 탄생되도록

노력하라

12/01
적극적인 세일즈맨이 되라

세일즈맨의 거래실적과 집념의 상관관계를 연구하였다(미국 소매상협회).

물건을 판매할 때 세일즈맨 중 48%는 단 한번 권유하고 포기했다. 두번 권유하는 사람은 25%였다. 세번 권유하는 세일즈맨은 15%이었다. 세일즈맨 중 오직 12%만 네번 이상 권유한다고 응답했다. 그러나 놀라운 사실은 네번 이상 권유하는 12%의 세일즈맨이 전체 판매량의 80%이상을 차지하고 있다. 결국 88%의 세일즈맨이 판매한 상품은 고작 20%에 불과했다. 적극적인 세일즈맨처럼 적극적인 행동을 할 때 나의 습관과 체질은 변하는 것이다. 적극적 행동을 하는 사람이 되어라.

· 긍정의 한마디

습관을 바꾸는 것만으로도 자신의 인생을 바꿀 수 있다. _윌리엄 제임스

긍정의 스토리

긍정의 플래너

12/02
낡은 습관에서 벗어나라

마크 스티븐스은 이런 말을 하였다.

"최고의 경영자가 되기 위해서는 세 가지에서 벗어나라. 첫째 '나이에서 벗어나라.' 나이가 많고 적은 것을 떠나 나이에 좌우되는 낡은 생각을 버려라. 둘째 '낡은 지식에서 벗어나라.' 지금까지 알고 있던 낡은 지식은 과감히 버리고 새로운 지식을 배워야 새로운 시대에 적응할 수 있다. 셋째 '낡은 경험에서 벗어나라.' 과거에 실패했든 성공했든, 타성에 젖은 경험에서 벗어나야 새로운 일을 할 수 있다."

긍정의 한마디

태어나면서부터 강했던 자는 없다. 주위에 있는 자기를 나약하게 하는 모든 것들과 정면으로 싸워 이긴 자만이 강한 사람이 될 수 있다. _박정용

긍정의 스토리

긍정의 플래너

12/03
오프라 윈프리의 사명

오프라 윈프리는 4가지 사명이 있다.

첫째, '남보다 더 가졌다는 것은 축복이 아니라 사명이다.'

둘째, '남보다 설레는 꿈이 있다면 그것은 망상이 아니라 사명이다.'

셋째, '남보다 아파하는 것이 있다면 그것은 고통이 아니라 사명이다.'

넷째, '남보다 부담되는 것이 있다면 그것은 사명이다.'

누구든지 자신의 사명이 있다. 자신의 사명을 가지고 최고의 삶을 살아야 한다.

· 긍정의 한마디

가장 현명한 사람은 자신만의 방향을 따른다. _에우리피데스

긍정의 스토리

긍정의 플래너

12/04
오프라의 윈프리의 교훈에서 배워라

자신이 살기 위해서 10가지 교훈

1. 남들의 호감을 얻으려 애쓰지 말라.
2. 앞으로 나아가기 위해 외적인 것에 의존하지 말라.
3. 일과 삶이 최대한 조화를 이루도록 노력하라.
4. 주변에 험담하는 사람들을 멀리하라.
5. 다른 사람들에게 친절히 하라. 6. 중독된 것들을 끊어라.
7. 당신에 버금가는 혹은 당신보다 나은 사람들로 주위를 채워라.
8. 돈 때문에 하는 일이 아니라면 돈 생각은 아예 잊어라.
9. 당신의 권한을 다른 사람에게 넘겨 주지 말라.
10. 포기하지 말라.

이런 가치관을 가지고 살기에 우리에게도 자신의 교훈을 공개하는 것이다. 누구든지 자신의 신념 10가지를 가지고 있다면 자신을 새롭게 할 것이다.

· 긍정의 한마디

습관이란 인간으로 하여금 그 어떤 일도 할 수 있게 만들어준다. _도스토옙스키

긍정의 스토리

....

....

긍정의 플래너

....

12/05
나를 키우는 말

한 신문 기자가 90세를 맞는 교육학자 존 듀이에게 물었다.

"많은 일을 하시고 이제 90세가 되셨는데 앞으로는 무엇을 하실 생각입니까?"

존 듀이는 미소로 대답했다.

"산맥은 깊습니다. 산 하나를 넘으면 또 다른 산이 보입니다. 나는 여전히 새 산을 향하여 도전하겠습니다. 만일 바라볼 높은 봉우리가 안 보이면 그때 그 인생은 끝난 것입니다." 멈추지 않고 계속 도전할 때 또 다른 목표를 만들 수가 있는 것이다. 목표가 있는 사람은 계속 자기를 키운다.

· 긍정의 한마디

삶은 부메랑이다. 우리들의 생각, 말, 행동은 언제가 될지 모르나 틀림없이 되돌아온다. 그리고 정확하게 우리 자신을 그대로 명중시킨다. 말에는 창조의 힘이 숨어있다. 원하는 것을 말하고 또 말하라. _플로랑스 스코벨 쉰

긍정의 스토리

긍정의 플레너

12/06
마음을 헤아리는 지혜

가난한 아버지가 있었다.

아들에게 작은 선물을 사주려고 시장에 함께 나갔다. 아들은 갖고 싶은 비싼 물건에 자꾸 손이 갔다. 그러나 사 줄 돈이 없는 아버지는 값싼 물건이 더 좋다며 추천한다. 아들은 흥미를 보이지 않고, 아버지는 아들의 주의를 끌려고 애쓴다. 그러나 결국 아무 것도 사고 싶지 않다고 말하는 아들과 함께 집으로 돌아온다. 둘은 말이 없었다. 그러나 침묵 속에서 두 사람은 가장 많은 대화를 나누었다. 아들은 사주고 싶어 하나 돈이 없는 아버지의 아픈 마음을 읽었다. 대화 없는 침묵이었지만, 아버지와 아들은 가장 많은 이야기를 나눈 시간이었다. 마음으로하는 대화 속에 서로의 신뢰를 얻는 것이다.

긍정의 한마디

마음을 정복한 사람에게 마음은 최고의 친구이다. 그러지 못한 사람에게 마음은 최대의 적이다. _바가바드 기타

긍정의 스토리

긍정의 플래너

12/07
인생의 구체적인 그림을 그려라

하워드 슐츠는 스타벅스의 창시자이다.

그는 1953년 뉴욕의 브루클린 빈민가에서 태어났다. 가난한 집안 형편 때문에 신문배달과 동네 식당에서 일을 하면서 학교를 다녔다. 그리고 대학 졸업 후 낡아 빠진 작은 커피 가게를 인수해 세계 최대의 커피 전문점으로 만든 것이다. 낡고, 무명의 브랜드를 가지고 품질의 브랜드를 입혀서 세계를 향해서 나가는 사람은 지칠 줄 모르는 열정과 새로운 시도에 주저 없이 도전해야 가능하다. 존 맥스웰은 말한다. "사람들이 꿈을 이루지 못하는 한 가지 이유는 그들이 생각을 바꾸지 않고 결과를 바꾸고 싶어 하기 때문이다". 작은 것을 우습게 여기지 말고, 거기에 꿈을 입혀서 명품을 만들어라.

· 긍정의 한마디

목표가 확실한 사람은 아무리 거친 길이라도 앞으로 나갈 수 있다. 그러나 목표가 없는 사람은 아무리 좋은 길이라도 앞으로 나갈 수 없다. _토머스 칼라일

긍정의 스토리

긍정의 플래너

12/08
자기 예언이 자기를 승리케 한다.

무하마드 알리는 죠 프레이져와의 권투경기에서 많은 돈을 벌어들인 권투선수이다.

그는 권투경기에 앞서 꼭 명언을 남기곤 하였다.

"나비처럼 날아서 벌처럼 쏘겠다.", "일본군의 진주만 기습같이 하겠다.", "전차처럼 들어가 미꾸라지처럼 빠져 나오겠다." 그는 수많은 권투 경기에서 승리한 후에 이렇게 말한다. "나의 승리의 반은 주먹이었고, 반은 말이다." 성공한 사람들은 항상 적극적인 말을 한다. 자기 말이 부메랑으로 돌아온다.

· 긍정의 한마디

오랜 관습에는 심오한 의미가 담겨 있다. _요한 프리드리히 폰 쉴러

긍정의 스토리

긍정의 플래너

12/09
나를 키우는 말

언어는 우리를 죽이기도 하고 살리기도 한다.

"네 입의 말로 네가 얽혔으며 네 입의 말로 인하여 잡히게 되었느니라" 이 말은 성서에 나오는 말이다. 누구든지 가치 있는 삶을 살려면 언어의 변화를 가져야 한다. "나는 죽겠다", "나는 안 된다", "나는 무능력자다", "나는 못 산다". 이런 부정적이고 파괴적인 말은 사용하지 말아야 한다. "나는 승리하는 사람이다". "나는 사랑받고 있다". "현재의 어려움이 변해 축복이 된다". 이런 창조적인 말이 내 생활을 달라지게 한다.

· 긍정의 한마디

마음을 천국으로 만들고 싶은 이들이여! 자기 마음속에 마술을 부려 즐겁고 찬란한 하루를 만들어라. _토마스 에디슨

긍정의 스토리

긍정의 플래너

12/10
선택과 집중으로 살아라

모 아파트 경비원에게 이런 말을 들었다

"아침에 일찍 나가는 차는 대부분 비싸고 좋은 차입니다". 반대로 "나쁜 차일수록 늦게 나갑니다". 이 말은 사회적 성공을 이룬 사람치고 게으른 사람은 없다는 말이다. 하루를 잘 살기를 원하면, 새벽을 잡아야 한다. 새벽이 핵심이다. 새벽을 깨우는 사람이 주도권을 잡는다. 이처럼 새벽 하나를 붙잡으면 인생이 변한다. 인생은 전략이기 때문이다.

· 긍정의 한마디

사람은 자신이 반복하는 행동의 노예가 된다. 사람이 선택을 하지만 결국 강요를 당한다.
_오리슨 스웨트 마든

긍정의 스토리

긍정의 플래너

12/11
첫 국회가 열리던 날의 기도

1948년 5월 31일 우리나라 역사상 첫 국회가 열렸다.

그때 임시 의장은 이승만이었다. 이승만은 회의를 시작하기 전에 이렇게 말했다. "우리는 대한민국 국회를 조직하였습니다. 첫 국회를 열면서 독립을 주시고 국회를 주신 하나님께 감사드리고 시작하여야 합니다. 결코 인간의 힘으로 된 것이 아닙니다. 하나님이 해방을 주셨습니다. 그러므로 하나님께 감사드리고 시작하여야 합니다". 이 말 후에 이윤영의원 나와서 기도하여 주시기 바랍니다. 이윤영 의원은 목사이다. 국회의원 모두가 일어났다. 기도로 시작한 대한민국은 잘될 수밖에 없다.

하느님이 보우하사 우리나라 만세.

· 긍정의 한마디

햇빛은 달콤하고, 비는 상쾌하고, 바람은 시원하며, 눈은 기분을 들뜨게 만든다. 세상에 나쁜 날씨란 없다. 서로 다른 종류의 좋은 날씨만 있을 뿐이다. _존 러스킨

긍정의 스토리

긍정의 플래너

12/12
노블레스 오블리주의 정신

'노블레스 오블리주'(Noblesse oblige)란 프랑스 격언이다.

고귀한 신분에 따르는 도덕적 의무와 책임을 말한다. 세계 1, 2차 전 때, 상류층 자제들이 주로 다녔던 학교는 옥스퍼드와 케임브리지 대학교이다. 이때 상류층 학생들은 전쟁이 날 때 국가를 위해 전쟁에 출전하여 수많은 학생들이 전사하여 소수의 졸업생만으로 졸업식을 진행할 수밖에 없었다고 한다. 그들에게는 노블레스 오블리주의 정신이 몸에 배어 있다. 명예만큼 의무를 다하여야 한다.

· 긍정의 한마디

결정을 내릴 때, 가장 좋은 선택을 올바른 일을 하는 것이다. 그 다음으로 좋은 선택은 잘못된 일을 하는 것이다. 가장 안 좋은 선택은 아무것도 안하는 것이다. _시어도어 루스벨트

긍정의 스토리

긍정의 플래너

12/13
교훈이 도덕이 된다.

일본의 부자들은 '국가에서 준 공로자' 패를 집 앞에 걸어둔다. 이 집은 '나라에 이익을 준 사람'이라는 뜻이다. 그리고 국가에 유익을 준 사람이기에 그 집 앞을 지나갈 때 잠시나마 목례를 한다. 만약 그 길을 가다가 자녀가 물으면 부모는 그 부잣집의 유래를 자세히 설명해 준다. "이 집에는 그 훌륭한 사람이 살고 있다. 이러 이러해서 나라에 유익을 주었다. 너희들도 그분을 본받아서 나중에 크면 국가에 이익을 주는 사람이 되어라". 하지만 한국은 일본과는 사뭇 대조적이다. 자녀들 앞에선 부자를 욕하는 소리가 더 많다. 부자를 욕하고 무시할 때 자신은 부자로부터 멀어진다. 부자는 그냥 된 것이 아니다. 노력. 노력이다.

· 긍정의 한마디

사람들은 누구나 다른 사람들의 인정을 받고 싶어한다. 남들의 좋은 점만을 보고 기회 있을 때마다 칭찬을 해 주기를 결심한다면, 상대방은 기분이 무척 좋아질 것이고, 우리도 그 덕을 볼 수 있게 될 것이다. _앤드류 매튜스

긍정의 스토리

긍정의 플래너

12/14
거부는 좋은 기록을 가지고 있다.

록 펠로는 세 가지 기록

첫째는 자선의 기록이다. 그는 록펠러 재단을 만들어 남을 위해 사랑을 베풀었다.

둘째는 인생역전의 기록이다. 그는 매우 가난했다. 첫 여인에게 '가능성이 없는 가난뱅이'로 몰려 버림을 당하고 난 이후 그 비방을 자극제로 삼아 부유한 재벌로 우뚝 섰다.

셋째는 장수의 기록이다. 록펠러는 98세까지 장수를 누렸다. 눈을 감을 때까지 치아와 위장은 여전히 건강했다. 이런 3가지 기록을 보면 모두 역전이다. 어려움을 이기고 자신의 기록을 남겨 놓은 것이다. 어려움을 극복하는 사람은 누구나 위대한 일을 할 수 있다.

· 긍정의 한마디

탁월한 인물이 가진 특성 가운데 하나는 결코 다른 사람과 자신을 비교하지 않는다는 점이다. 그들은 자신을 자기 자신, 즉 자신이 과거에 이룬 성취와 미래의 가능성과만 비교한다. _브라이언 트레이시

긍정의 스토리

긍정의 플래너

12/15
실패를 넘어야 문제를 극복 할 수 있다.

지그 지글러(Zig Ziglar)가 연구한 '금붕어 훈련'이 있다.

어느 날, 어항 가운데 있는 유리를 막아 놓았다. 금붕어들은 그것도 모르고 헤엄쳐 가다가 부딪치었다. 물고기들은 몇 번 반복하여 부딪치다가 결국에는 부딪치지 않고 돌아오는 것이다. 그 후에 유리를 빼어 놓았으나 경계를 넘어가지 않고 금 없는 경계선을 삼아 서로 자기 구역을 맴돌았다고 한다. 지글러는 이것을 보면서 사람은 자신이 실패한 일을 넘어 가려고 하지 않고 피한다는 것이다. 지글러는 말한다. "실패를 넘어야 문제를 극복 할 수 있다". 실패에서 고정되지 말고 계속 도전하여 자신의 한계를 극복해야 한다.

· 긍정의 한마디

무릅써라 그 어떤 위험도 무릅써라 다른 이들의 말 그들의 목소리에 더 이상 신경쓰지 마라. 세상에서 가장 어려운 것에 도전하라 스스로 행동하라 진실을 대면하라._캐서린 맨스필드

긍정의 스토리

긍정의 플레너

12/16
나를 키우는 말

사람은 약점이 많으면 염려와 두려움이 많다. 염려한다고 문제를 해결 할 수가 없을 뿐 아니라 두려움의 문제도 해결 할 수가 없다. 염려와 두려움은 자신을 힘들게 한다. '죽으면 어떡할까, 망하면 어떡할까, 사랑을 잃어버리면 어떡할까, 실패하면 어떡할까…'

이런 생각은 우리를 힘들게 한다. 이때 무엇이 자신의 약점인지, 두려움인지 되돌아보면 쉽게 문제의 근원을 찾을 수가 있다. "아무것도 염려하지 말고 감사하면서 기도하자" 염려를 버리면 자신은 성장한다. 염려를 버리고 자신을 성장시키자. 자신을 성장 시킬 때 큰 힘이 나올 것이다.

· 긍정의 한마디

우리 중 약 95%의 사람은 자신의 인생 목표를 글로 기록한 적이 없다. 그러나 글로 기록한 적이 있는 5%의 사람들 중 95%가 자신의 목표를 성취했다. _존 맥스웰

긍정의 스토리

긍정의 플래너

12/17
인내의 유머에서 배우라

인내에 관한 유머가 있다.

한국사람, 일본사람 중국 사람이 인내력을 테스트하기로 하였다. 방법은 돼지우리에 들어가서 누가 더 오래 견디는 것이다.

세 사람이 동시에 뛰어 들어 갔다. 5분도 채 못 되어 일본 사람이 뛰어 나왔다. 잠시 후 이어 한국 사람이 뛰어 나왔다.

한참 후 돼지가 뛰어 나왔다. 더 이상 중국 사람하고 같이 못 있겠다고, 뛰어 나온 것이다. 인내하는 사람만이 목적을 이루고 자신의 길을 개척 할 수가 있다.

· 긍정의 한마디

교의 명수는 모욕을 유머로, 부정을 긍정으로 바꾼다. _그라시안

긍정의 스토리

....
....
....

긍정의 플래너

....
....
....

12/18
좋은 멘토를 두고 살면 길이 보인다.

풀러신학교 클린턴(Clinton)교수는 「멘토링」교수이다.

그의 멘토링을 이렇게 정의한다. "멘토링은 한 사람이 다른 사람에게, 주신 자원들을 나눔으로서 영향을 끼치는 일종의 관계적인 경험이다." 사실 멘토의 기원은 호모의 서사시 "오디세이"에 등장하는 오디세우스의 아들인 텔레마쿠스의 보호자요 가정교사였던 "멘토"라는 사람에서 나왔다.

멘토는 오디세우스가 트로이 전쟁으로 오랫동안 집을 비운 사이에 그의 아들을 맡아서 아버지가 있는 아이들보다 아버지 역할을 잘 하여 훌륭한 인물로 키워 놓았던 것에서 유래한다. 이 시대는 멘토가 있어야 한다. 나를 교훈하고 인도하고, 가르치는 멘토가 있어야 한다. 옆에 좋은 멘토를 두면 성장 할 수 있다.

· 긍정의 한마디

인간은 교육을 통하지 않고는 인간이 될 수 없는 유일한 존재이다. _칸트

긍정의 스토리

긍정의 플래너

12/19
결심한 것이 나를 이끌어준다

내안에 잠든 거인을 깨우기 위한 7가지 요소.(앤서니 라빈슨).

첫째, 역경은 최고의 기회이다.

둘째, 이 세상에 실패는 없다.

셋째, 무슨 일이 일어나더라도 책임은 모두 나 자신에게 있다

넷째, 정보나 지식은 머리로 이해하는 것이 아니다. 행동으로 옮기고 실천하는 것이다

다섯째, 좋은 사람이야 말로 인생 최대의 자본임을 명심하고 인간관계를 중시한다.

여섯째, 인생 최고의 보람은 일을 즐겁게 하는데 있다.

일곱째, 목표를 성취하는 일이라면 어떤

희생이라도 지불한다. 이런 결심이 내안에 잠든 거인을 깨우는 것이다.

· 긍정의 한마디
헤아릴 수 없는 반대와 패배를 직면해서도 그 장애를 극복해 보이려는 결심이 필요하다. _루스벨트

긍정의 스토리

긍정의 플래너

12/20
여자 대학 교수의 조언

어느 대학 교수가 한 학생에게 질문을 받았다.

"좋은 남자를 만나려면 어떻게 해야 합니까?"

"재수가 좋아야 해. 운이 좋아야 해"

여기서 "운이 좋다"고 해서 예쁜 옷 입고 나간다고 좋은 남자를 만나거나, 화장 잘하고 나간다고 좋은 남자를 만나는 것이 아니다. 여기서 '운이 좋다' 라는 것은 자신의 매력이다.

자신의 매력을 만드는 것이 실력이다. 실력은 좋은 대학, 좋은 직장, 좋은 가문이 아니고 지금 하고 있는 일에 인정받으며 일하는 것이 실력이다.

· 긍정의 한마디

나는 내 운명의 주인이요. 나는 내 마음의 선장이다. _윌리암 어네스트 헨리

긍정의 스토리

긍정의 플래너

12/21
자신을 살리는 촉매제

청어 잡이를 하는 어부들의 관심사는 활어로 가지고 가는 것이다. 대부분의 어부들은 바다에서 청어를 잡지만 항구에 도착하면 모두 죽었다. 그런데 한 어부만은 북해에서 잡은 청어를 산 채로 런던에 가지고 와서 파는 것이다.

이것을 본 동료 어부들이 물었지다.

"나는 청어를 잡아넣은 통에다 메기를 한 마리씩 집어넣는다." 그러면 "메기가 청어를 잡아먹지 않소?", "맞아, 메기가 청어를 잡아먹지만 몇 마리나 먹겠는가? 두세 마리의 메기를 넣으면 몇 개는 잡아먹히겠지만 그들은 살기 위해서 계속 도망쳐 다녀서 살지요". 청어를 살리는 길은 천적을 넣는 것이다. 메기가 청어를 살리는 촉매제인 것처럼 긍정의 촉매제는 우리를 싱싱하게 만든다.

· 긍정의 한마디

재산보다는 사람들이야말로 회복돼야 하고 새로워져야하고 활기를 얻고 깨우치고 구원받아야 한다 결코 누구도 버려서는 안 된다. _오드리 햅번

긍정의 스토리

긍정의 플래너

12/22
마음을 휘어잡는 말 한마디

어렸을 때부터 아버지에게 들었던 한마디가 있다.

"너는 앞으로 크게 될 놈이다!"

어머니도 그렇게 말씀하셨다.

"너에게는 복이 덕지덕지 붙어 있다"

부모들이 해주는 말들은 자녀들이 살아가는데 푯대와 같은 역할을 한다. 긍정, 희망, 칭찬을 들으면 그 말이 우리의 마음을 휘어잡는다. 그리고 그 말대로 되기 위해서 최선을 다하는 것이다.

행복한 언어를 선물하자. 행복한 언어에서 모든 것은 시작된다.

· 긍정의 한마디

모든 사람들의 마음속에는 좋은 소식이 있다. 바로 자기 자신이 얼마나 위대해질 수 있는지, 얼마나 많은 사랑을 베풀 수 있는지, 얼마나 많은 것들을 이룩할 수 있는지, 잠재력이 얼마나 큰지 모를 만큼 한계가 없다는 것이다. _안네 프랭크

긍정의 스토리

긍정의 플래너

12/23
꿈꾸는 자들이 세상을 변화시킨다.

"꿈의 크기가 인생을 결정한다" 이 말은 "20대를 변화시키는 30일 플랜"에서 나온 말이다. 하버드 대학교 심리학 연구소는 어느 사회에서나 65세 이상의 정년 퇴직자들이 3:10:60:27이라는 비율로 경제 피라미드를 구성하고 있는 것을 발견하였다. 3%는 최고의 부를 누리고 있다. 10%는 퇴직 전과 별 차이 없는 경제력을 갖고 있다. 60%는 간신히 생활을 유지해 나가고 있다. 그리고 27%는 자선 단체의 도움으로 살아가고 있다. "왜 그런 차이가 났을까?" 그들 사이에는 젊었을 때부터 자신의 목표를 글로 적어 놓고 수시로 꺼내 읽는 습관을 가진 사람들이다.

꿈꾸는 자들은 자신의 목표가 자신을 이끌어간다.

· 긍정의 한마디

우리 모두는 인생에서 만회할 기회라 할 수 있는 큰 변화를 경험한다._해리슨 포드

긍정의 스토리

긍정의 플래너

12/24
스승을 잘 만나면 인생이 달라진다.

헬렌 컬러(Helen Keller)는 이런 말을 하였다.

"내가 앤 설리반 선생님을 만나게 된 것은 동물이 인간되는 엄청난 만남이었다"

자신은 귀머거리요, 소경이요, 벙어리였던 헬렌 켈러는 앤 설리반이라는 스승을 만나 위대한 인물이 되었다고 말한다. 이처럼 누구든지 스승을 잘 만나면 인생이 달라진다. 만약 스승을 잘 못 만났어도 내가 좋은 스승이 되면 된다. 그러면 다른 사람의 인생을 바꿔 놓을 수가 있다.

· 긍정의 한마디

참된 스승은 제자들이 자신의 개인적 영향을 받지 않도록 방어한다._에이모스 브론슨 올코트

긍정의 스토리

긍정의 플래너

12/25
자신이 깨어질 때 귀중한 존재가 된다.

다이아몬드, 사파이어, 에메랄드, 루비 …

호두, 잣, 은행, 밤, 아몬드, 땅콩 …

첫 번째는 광물이다. 그러나 보석은 아니다. 자신을 깎을 때 보석이 된다.

두 번째 열매이다. 그러나 이 열매는 처음부터 먹기 좋은 것이 아니다. 껍질을 깨뜨릴 때, 몸에 좋은 건강식품이 되는 것이다. 광물은 자기를 깨뜨릴 때 값비싼 보석이 되고, 열매는 자신의 테두리를 깨뜨릴 때, 몸에 좋은 식물이 되는 것처럼 사람은 자신의 아집, 교만을 다스릴 때 귀한 보석 같은 존재가 된다.

내 아집이 깨어질 때 우리는 다시 태어나는 것이다.

· 긍정의 한마디

적을 이긴 것을 용기라고 생각지 마라. 진정한 용기는 자신의 정욕을 이길 때 비로소 일컬어질 수 있다._프라온

긍정의 스토리

긍정의 플래너

12/26
격려를 받으면 위해 질수 있다

아이슈타인은 어렸을 학습 부진아였다.

선생님은 가정 통신문에 "나는 이 학생을 못 가르치겠습니다. 공부에는 희망이 없으니 다른 진로를 정하시오"라고 써 보냈다. 아이슈타인의 어머니는 아들을 감싸며 "넌 다른 아이들과 다른 점이 있어. 넌 남보다 뛰어난 재능이 있기 때문에 비범한 인물이 될 거야"라며 용기와 희망을 주었다. 세계적인 석학도 한때 학습 지진아였듯이, 우리도 격려를 받으면 위대해 질수 있다.

격려 자를 만나라.

- 긍정의 한마디

악착스레 모은 돈이나 재산은 그 누구의 마음에도 남지 않지만 숨은 적선, 진실한 충고, 따뜻한 격려의 말 같은 것은 언제까지나 남게 된다. _미우라 아야코

긍정의 스토리

긍정의 플래너

12/27
지금부터 희망이 보입니다.

연세대학교를 설립한 언더우드가 어느 작은 교회를 방문하였다. 그 교회는 신도들이 없었고, 단 두 명만 외롭게 남아 있었다. 실망과 우울한 마음으로 침통해 있는 그들에게 언더우드는 웃으면서 말한다.

"희망이 있습니다". "지금 2명밖에 없으니 여기서 더 줄어 들리는 없고, 앞으로는 오직 늘어날 일만 남았으니 얼마나 희망스러운 일입니까?" 긍정적인 사람은 희망을 주는 사람이다.

작다고 눈에 보이는 대로 말하지 말고 긍정으로 말하는 사람이 되라.

· 긍정의 한마디

희망은 밝고 환한 양초 불빛처럼 우리 인생의 행로를 장식하고 용기를 준다. 밤의 어둠이 짙을수록 그 빛은 더욱 밝다. _올리버 골드스미스

긍정의 스토리

긍정의 플래너

12월 DECEMBER 긍정이 탄생 되도록 노력하라

12/28
참된 용기는 숱한 실패로부터 오는 것이다.

미국의 제16대 대통령 링컨은 많은 사람들에게 존경을 받는 사람이다. 어떤 사람이 물었다.

"당신이 이렇게 존경받게 된 비결이 무엇입니까?"

링컨 대통령은 껄껄 웃으면서 이렇게 대답한다.

"제가 다른 사람들에 비하여, 더 많은 실패를 경험했기 때문입니다" 많은 실패가 오늘을 만든 것이다. 실패는 성공의 어머니이다.

실패가 자신을 위대한 사람으로 거듭나게 할 수 있다.

• 긍정의 한마디

용기가 없는 사람에게는 어떤 좋은 것도 생기지 않는다. _마르쿠스 아우렐리우스

긍정의 스토리

긍정의 플래너

12/29
탈무드의 지혜

유대인의 지혜서 탈무드에는 세 종류의 친구가 나온다.

첫째는 '돈'. 살다보면 돈이 필요하다. 너무 돈이 없으면, 돈 때문에 고생을 한다. 그러나 돈이 인생의 전부는 아니다.

둘째는 '가족'. 어려움 당할 때 가족이 옆에서 위로해준다면 얼마나 도움이 되는지 모른다.

셋째는 '선행'. 살아생전에 착한 일을 하면, 이 땅에서도 하늘에서도 복을 받는다.

탈무드는 세 종류의 친구를 소중하게 생각하라고 한다. 현재 가지고 있는 것을 우습게 여기면 나에게 찾아오지 않는다. 현재 가지고 있는 것을 가지고 최선의 삶을 살아라.

· 긍정의 한마디

한 가지 일을 경험하지 않으면 한 가지 지혜가 자라지 않는다. _명심보감

긍정의 스토리

긍정의 플래너

12/30
감사 촌과 불평촌 사람들

두 마을이 있었다. 한 마을은 감사 촌이고, 다른 마을은 불평 촌이다. 감사 촌에 사는 사람들은 항상 감사하기에 늘 유쾌하게 사는 사람들이다. 그러나 불평 촌에 사는 사람들은 무슨 일에든지 불평만 하는 사람들이다.

하루는 감사촌 사람들이 불평촌을 방문하였다. 그들이 매사에 불평하며 사는 모습을 보고 감사하며 사는 삶이 너무나 감사하다며 더욱 기쁨을 얻고 돌아 왔다. 어느 날, 불평촌에 사는 사람들이 감사촌에 견학하러 왔다. 모두가 호기심 속에서 왔다. 모두가 방문을 마치고 돌아 와서 불평하면서 "에이 괜히 감사 촌에 갔다가 얻어먹을 것 없이 감사만 하고 왔네". 승리를 하려면 감사하는 사람들과 친구가 되어야 한다.

· 긍정의 한마디

칭찬 속에서 자란 아이는 감사할 줄 안다._도로시로 놀트

긍정의 스토리

긍정의 플레너

12/31
성공하기 위해서 할 일

폴 크루그먼은 과거에서 벗어나 성공하기 위해서는 세 가지
첫째 '모험정신, 개척정신을 가져라'
둘째 '과거에 집착하지 말고, 미래지향적인 사고를 하라'
셋째 '자신에게 주어진 능력을 최대한 활용해서 노력하라'
어려운 시기일수록 더욱 개척정신과 모험정신이 필요하다.
아무 것도 시도하지 않으면 아무 것도 이루지 못한다.
성공은 모험하고 개척하는 자에게만 찾아온다.

• 긍정의 한마디

많은 사람들이 가지고 있는 가장 큰 문제는 자신을 충분히 믿지 않는다는 것이다. 우리는 우리의 힘을 깨닫지 못한다. 사람은 원래 노예가 아니라 정복자처럼 행동하도록 만들어졌다. 즉 실패가 아닌 성공을 하도록 만들어졌다. _프랭크 월워스

긍정의 스토리

....
....
....

긍정의 플래너

....
....
....

참고도서

김경수, 『긍정의 파이프라인』 행복과 성공을 만드는 언어, 도서출판 예루살렘, 2006

박 필, 『행복과 성공을 만드는 언어』, 국민일보 제네시스21, 2000

이채윤, 『록펠러 십일조의 비밀을 안 최고의 부자』, 미래사, 2006

전도근 외 2명, 『리더를 키우는 긍정의 힘』, 해피&북스, 2008

조정민, 『사람이 선물이다』, 두란노, 2011

조채린, 『호텔왕 힐튼』, 미래사, 2007

차동엽, 『무지개의 원리』, 위즈비즈, 2007

한 홍, 『거인들의 발자국』, 비전비엔피, 2004

그랜트 시걸, 『세계 최고의 부자 록펠러』, 전은지 역, 베다니출판사, 2001

나폴레옹 힐, 『성공의 13단계』, 문진출판사, 1996

『생각하라 그러면 부자가 되리라』, 남문희 역, 국일미디어, 2002

『당신 안의 기적을 깨워라 1』, 강주헌 역, 국일미디어, 2002

『부자의 생각을 훔쳐라』, 전성일 역, 미래북, 2005

『지금 당장 실천하라』, 김정우 역, 민예사, 2005

노먼 빈센트 필, 『생각의 힘』, 배웅준 역, 규장, 2003

리처드 바크, 『갈매기의 꿈』, 황보석 역, 지경사, 2002

로빈 웨스턴, 『나는 실패를 믿지 않는다』, 이정일 역, 집사재, 2007

로버트 슐러, 『인생을 변화시킨 칼럼』, 홍성훈 역, 도서출판 소망사, 1993

『불가능은 없다』, 전덕애 역, 대한기독교서회, 2001

마틴 셀리그만, 『긍정의 심리학』, 김인자 역, 물푸레, 2006

벤 카슨, 『크게 생각하라 상』, 알돌기획, 1994

산케이신문특별취재반, 『모택동 비록』, 임홍빈 역, 문학사상사, 2001

스펜서 존슨, 『멘토』, 안진환 역, 비즈니스북스, 2007

앤드류 카네기, 『성공한 CEO에서 위대한 인간으로 강철왕 카네기 자서전』

박상은 역, 21세기북스, 2005

잭 캔필드, 『마음을 열어주는 101가지 이야기』, 류시화 역, 이레, 1996

조엘 오스틴, 『긍정의 힘』, 정성묵 역 두란노 2005

존 맥스웰, 『리더십 21가지 법칙』, 홍성화 역, 도서출판 청우, 2005

『열매 맺는 지도자』, 두란노, 2005

『존 맥스웰의 자기 경영의 법칙』, 요단출판사, 2005

『생각의 법칙』, 조영희 역, 청림출판, 2003

존 키호, 『마인드파워』, 최상수 역, 김영사, 2003

지그 지글러, 『정상을 넘어서』, 아름다운사회, 2000

『지그 지글러 성공의 법칙』, 최희숙 역, 국일미디어, 2001

『정상에서 만납시다』, 이은정 역, 산수야, 2008

카를 힐티, 『잠 못 이루는 밤을 위하여 행복론』, 곽복록 역, 동서문화사, 2007

콘라드 N. 힐튼, 『호텔 왕 힐튼』, 김심은 역, 일신서적출판사, 1996

긍정으로 살기 위한 365 싱크뱅크
긍정의 한마디

초판1쇄 2017년 1월 1일

지은이　김경수
펴낸이　채주희
펴낸곳　해피&북스
등록번호　제10-1562호(1985.10.29)
주소　서울시 마포구 신수동 448-6
전화　02-323-4060, 6401-7004
팩스　02-323-6416
이메일　elman1985@hanmail.net
홈페이지 www.elman.kr

* 저자의 허락 없이 복사나 전제를 금합니다.
* 잘못된 책은 바꿔드립니다.
값 13,800원